国家と実存

L'ÉTAT ET L'EXISTENCE

Au-delà de l'«État juif»

「ユダヤ人国家」の彼方へ

立川健二

par
Kenji TATSUKAWA

彩流社

必ずや、本書は物議を醸すに違いない。ある人々の間では不評を買うかもしれない。頭ごなしに本書で示した事実を否定しようとする人もいるだろう。本書の調査、分析を客観的に評価するのではなく、陰謀説だと決めつけようとして。まさにこういった現実を直視しない姿勢によって、現状維持が図られ、アメリカは危険に晒されているのである。

——ウィリアム・R・クラーク『ペトロダラー戦争——イラク戦争の秘密、そしてドルとエネルギーの未来』

（原著：二〇〇五年）、高澤洋志訳、作品社、二〇一三年一二月

目次

Ⅱ　国家と実存

Ⅲ　民族、言語、宗教、国家

はじめに　〈アイデンティティの問い〉をめぐって

ぼくがこの本のなかで執拗に問うているのは、〈アイデンティティの問い〉である。〈アイデンティティの問い〉とは、たとえば「わたし」に即していうならば、わたしとは、何者か？　わたしは、どの集団に帰属しているのか？　という二つの問いからなる。そして、第一の問いの答えは、第二の問いの答えによって導き出されることが一般的である。

同様に、「この他者」にかんして〈アイデンティティの問い〉を問うならば、この他者は、何者なのか？　この他者は、どの集団に帰属しているのか？　という二つの問いになる。主語には、誰を代入してもよい。「彼ら」のように、集団でもよい。もちろん、第一の問いの答えは、第二の問いの答えによって導き出されることが、一般的なのである。

たとえば、わたしが「日本」という国家に帰属していると考えているならば、わたしは「日本人」だということになる。同様に、わたしが「〇〇」という企業に帰属していると考えているとすれば、わたしは「〇〇の社員」だということになる。第一の例では「日本人」が、第二の例では「〇〇の社員」が〈アイデンティティの問い〉の答え、すなわち、わたしの〈アイデンティティ〉になるのである。

本書のタイトルは『国家と実存』であるので、〈国家〉と〈実存〉という二つの言葉をめぐって、〈アイデンティティの問い〉との関連を簡単に素描しておこう。

世界史を見渡せば、国家というものは、太古の昔から存在する。一般には、紀元前四千年紀初頭から紀元前二〇〇〇年頃まで続いた、メソポタミア(現在のイラク南部)のシュメール文明の都市国家が、歴史上最初の国家だと言われている。しかも、〈国家〉の誕生は、楔形文字という〈文字〉の発明と併行していた。

しかし、近代に入ってからの国家というのは、少なくとも建て前のうえでは、ネイション・ステイト(仏 Etat-nation; 英 nation-state)、すなわち、日本語にするならば民族国家ないし国民国家でなければならないということになっている。単に「国家」と言うだけではなく、そこに「ネイション」、すなわち「民族」もしくは「国民」というものが貼りついているのである。

このこともまた、〈アイデンティティの問い〉にかかわっている。なぜなら、ぼくたち近代人は、アイデンティティの根拠としてネイション(民族ないし国民)という共同体を希求しているからだ。わたしは、あるいはわたしたちは、たとえば、「日本民族」ないし「日本国民」という共同体の一員であるという帰属意識をもちたいのであり、その共同体をわたしやわたしたちのアイデンティティの根拠にしているのである。そこで、わたしは「日本人」である、わたしたちは「日本人」である、というのがその〈アイデンティティ〉となる。冒頭の〈アイデンティティの問い〉に戻るならば、わたしは「日本民族」ないし「日本国民」に帰属している、それゆえ、わたしは「日本人」であるという〈アイデンティティ〉が導き出されるということなのだ。

ルネ・デカルトの有名な命題であるラテン語の「コギト・エルゴ・スム」、フランス語の「ジュ・パンス・ドンク・ジュ・スュイ」、すなわち「わたしは考える、ゆえにわたしは存在する」をもじるならば、〈アイデンティティの問い〉の命題は、「わたしは帰属する、ゆえにわたしは存在する」という命題になることだろう。「存在する」をさらにかみ砕くならば、「〇〇である」になる。ヨーロッパの言語では、英語の be、フランス語の être のように、「存在する」と「〇〇である」という二つの意味は、一つの動詞によって担われているからだ。いずれにせよ、大切なことは、「わたしは〇〇に帰属する、ゆえにわたしは〇〇人である」というのが、〈アイデンティティ〉の基本構造だということにほかならない。

もう一度、ネイション・ステイトに話を戻して、本書、「方法としてのトルコ——あるいは《日本近代の逆説》をめぐって」から引用するならば、

> フランス革命以来の西欧的国民国家（ネイション・ステイト）は、資本主義の発展に対応した〈市民社会〉だけで成り立

つものではなく、同時に、民衆の幻想的な帰属意識（アイデンティティの根拠）に対応する〈共同体〉としての〈民族（ネイション）〉をも必要とするからである。

しかしながら、民族ないし国民というのが家族や（中東における）部族と同じような意味で〈共同体〉であるかといえば、決してそうでないことは、少しでも考えてみればわかることだろう。「日本人」の大部分はぼくの知らない人びとからなっているのであって、だとすれば、「日本民族」ないし「日本国民」が〈共同体〉であるとはとうてい言えないだろう。ぼくは、「日本民族」なり「日本国民」なりといった集団を実際に眼にしたことはないのだから、それは想像の産物だと言うしかない。ネイションというのは、幻想の共同体なのだ。だから、近代のネイション・ステイトというのは、ネイションという幻想の共同体、すなわち〈擬似共同体〉に支えられた国家だと言うほかはないのである。

他方で、〈実存〉ほど、誤解されている言葉も少ない。

人は、「彼女／彼は、実存的だ」、あるいは「彼女／彼の思想は、実存的だ」という文脈において、「実存的」という言葉を何か「深い」とか、「深遠だ」とかいったニュアンスで理解してはいないだろうか。その結果、主語がジャン＝ポール・サルトルや椎名麟三ならばよいけれど、「わたしは、実存的だ」とか、「わたしの思想は、実存的だ」とかいった発話は、傲慢で許しがたいものだとされている。

ところが、「実存的」という言葉は、決してそんな意味ではない。「わたしは、実存的だ」とか、「わたしの思想は、実存的だ」という発話は、傲慢でも何でもない。「実存的」という言葉には、それ相応の内実があるのである。

近代人のアイデンティティの根拠は、民族〈ネイション〉、国家、言語、宗教といった、いわば大文字の存在が主流であった。しかし、大文字の存在ではなく、個人の〈実存〉にアイデンティティの根拠を据えつけることはできないのだろうか。本書、とくに本書の前半を通じてぼくが執拗に訴えているのは、このような問題意識にほかならない。

本書、「実存的個人主義――〈個人主義〉と〈私人主義〉の根本的差異について」から引用するならば、

実存主義的に言うならば、〈個〉とは、他のいかなる人間とも交換できず、なおかついかなる組織にも、いかなる共同性にも還元できない、人間の〈実存〉としての側面を指し示すものである。あるいは、言語論的に言いかえるならば、普通名詞ではなく、固有名詞によってしか指し示されない存在、それが〈個〉であり、〈個人〉にほかならないのだ。

ということになる。

〈実存〉とは、ぼくでも、あなたでも、この他者でも、あの他者でもよい、特定の個人の、他とは取り換えのきかない、かけがえのない側面を指し示している。言語に即していうならば、普通名詞ではなく、固有名詞によってしか指し示せない側面が〈実存〉なのである。「人間」とか「女」とかいった普通名詞によっては指し示せない存在、たとえば、「エライザ」という固有名詞によってしか指し示すことのできない存在が、〈実存〉にほかならないのだ。

だから、〈実存〉とは、「深い」わけでも、「深遠」であるわけでもない。自分が〈個〉の他と取り換えのきかない側面に、いかなる組織にも擬似共同体にも還元できない〈個〉の側面に、あるいは普通名詞によっては指し示しえない固有名詞的存在にアイデンティティの根拠を据えようとしているのならば、「わたしは、実存的だ」とか、「わたしの思想は、実存的だ」と発話しても、何ら傲慢でも尊大でもないのである。「わたしは、エライザです」、「わたしは、エライザを愛しています」という二つの発話は、〈実存〉的発話以外の何ものでもないのだ。

本書、「〈表現〉への航行——ぼくはどうして『ポストナショナリズムの精神』を書いたのか(2)」から引用するならば、

ナショナリズムの問題に集約的に表われているような、〈組織の論理〉、〈擬似共同体の論理〉を根底から突き崩しうる根拠は、どこにあるのだろうか。それは、究極的には、国家であれ、

民族であれ、性別（ジェンダー）であれ、政党であれ、教団であれ、職場であれ、大小にわたるいかなる〈擬似共同体〉に対しても、そこに自分のアイデンティティの根拠を固定的に据えつけることをあくまでも拒絶して、ぼくがぼく以外の誰でもない、〈個〉に立ち還ること、にかかっているのではないだろうか。

ということになる。このような思想、このような生き方が「実存的」でなくて、何が「実存的」だろうか。ここでは、とりあえず難しい哲学論議は不要である。

一言でいうならば、本書は、〈国家〉と〈実存〉をめぐって、〈アイデンティティの問い〉という視点から考究を加えたものなのである。

ここで、本書を構成するテクストの成立の経緯について、簡単に記しておく。

「Ⅰ ポストナショナリズムの精神史」は、月刊『言語』の「リレー連載 読書日記」に書いた四篇とその他一篇のエッセイからなっている。ぼくの考え方、ぼくの生き方が簡潔に表現されているので、本書全体の序章として相応しいものになっていると思う。著者がもっとも気に入っているのは、「イエス、ポストナショナリズムの原点として」である。なお、「見果てぬ〈共同性〉への夢——あるいは異和感の由来」は、タイトルの類似からも明らかなように、Ⅱの「ファシスト国家の起源——あるいは見果てぬ〈共同性〉への夢」によって発展させられることになるだろう。

「Ⅱ　国家と実存」は、もともと保守系オピニオン誌『発言者』に、『国家と実存』の総題のもとに連載したものである。ただし、「〈表現〉への航行――ぼくはどうして『ポストナショナリズムの精神』を書いたのか(2)」の原稿を送った時点で、編集主幹の故・西部邁から《貴殿におかれては気の迷いが生じているようなので、連載を休止します》との通知が一方的に送りつけられ、実質的に『発言者』の執筆陣から「破門」の憂き目に遭った。ぼくは、「保守主義者失格」ということだったのだろう。そもそも、歴史と伝統に重きを置くのが保守主義者であるならば、「〈表現〉への航行」に先行する「実存的個人主義――〈個人主義〉と〈私人主義〉の根本的差異について」からすでに西部の逆鱗にふれていたのではないかと推測される。ぼくは、歴史でも伝統でもなく、〈個〉の〈実存〉に根拠を置くと明言していたからだ。逆にいうならば、西部を怒らせたこの論考こそ、ぼくの生と思想の本質を凝縮していると言ってよい。

保守系の雑誌に連載したからといって、またそこから排除されたからといって、「Ⅱ　国家と実存」に収めた諸論考が無効になったわけではいささかもない。これらのテクストたちは、いま読み返してもぼくの生と思想の表現であることには変わりがない。とりわけ、西部邁＝『発言者』から拒絶された「〈表現〉への航行――ぼくはどうして『ポストナショナリズムの精神』を書いたのか」(1)〜(4)というテクストには、立川健二という〈個〉の〈実存〉から吹き上がった魂の咆哮が、論考という枠組みを超えてとどろいていることだろう。そこでは、立川健二自身の〈アイデンティティの問い〉が追究されているからである。

なお、Ⅰに収めたエッセイ群、Ⅱに収めた論考群をを通じて、精神史家、渡辺京二の著作との対話が大きな意味をもったことは明らかである。

「Ⅲ　民族、言語、宗教、国家」に収めた「「ユダヤ人国家」の彼方へ――ユダヤ人／ユダヤ教徒をめぐる言語論的考察」は、これ一篇だけで本書の半分以上を占める長大な論考である。この論考のタイトルを本書のサブタイトルに掲げたように、本書の中心をなしているのがこのテクストであることは、間違いない。

この論考を書く必要に迫られたのは、前著『言語の復権のために――ソシュール、イェルムスレウ、ザメンホフ』（論創社、二〇二〇年二月）の巻末に収めた「愛の言語思想家、ザメンホフ――言語差別を超えて」を書いているときに沸き起こってきた疑問――日本語で「ユダヤ人」と呼ばれている人びとは、民族（ユダヤ人）なのか？　それとも信徒（ユダヤ教徒）なのか？――を解き明かすためだった。初稿は、二〇一七年の末から二〇一八年の初めにかけて一気呵成に書いた。その後しばらく寝かせておいたのちに、本書の出版が決まったことを受けて、二〇二〇年の末から二〇二一年九月にかけて、パレスチナ・アラブの視点を補いつつ、うるし塗りを重ねるように加筆と推敲を加えて、ようやく完成稿に到達した。

読者のなかには、上記Ⅰ、ⅡとⅢの「ユダヤ人国家」論とのあいだに断絶があると感じる方もおられるかもしれない。たしかに、執筆時期も、題材も、文体も異なっていると言えないことはない。しかし、Ⅱの冒頭に収めた「方法としてのトルコ――あるいは《日本近代の逆説》」を想起すれば、中東イスラーム世界の現代史を扱っているという意味で、題材としても連続性はあるだろう。しかも、基本的なモチーフは、まったく変わっていないのだ。すなわち、〈アイデンティティの問い〉である。実際、「ユダヤ人」と呼ばれている人びとのアイデンティティの根拠は、民族(ネイション)なのか？　それとも宗教なのか？　とぼくは執拗に問うているのである。さらに、「ユダヤ人国家」として建国されたイスラエル国家のナショナル・アイデンティティの根拠は、民族(ネイション)なのか？　それとも宗教なのか？　と厳しく問い質しているのである。そして最終的には、イスラエル国家にかんして、パレスチナ問題などに不可避的な批判を加えたうえではあるが、それがネイション・ステイト(民族国家)を超越した存在であるという、斬新な提言をすることになるだろう。

もとより、ぼくは、ユダヤ史や中東地域研究などの専門家ではない。しかし、非専門家ながらこの領域に介入を試みたのは、ここで扱った諸問題が専門家だけに任せておくにはあまりにも重大だと考えたからである。このように重要な思想的問題は、専門家に教えを乞いながらも、非専門家も交えて議論すべきものだと思ったのである。もちろん、非専門家ゆえの誤謬や理解不足も多々あるかもしれないが、逆に、読者が、この論考に非専門家ならではの大胆な視角や提言を見いだしてくださるならば、ぼくの目的は果たされたことになる。

もとより、非専門家による考究というのは、この「ユダヤ人国家」論に限ったものではなく、イエス論にせよ、トルコ論にせよ、人種論にせよ、本書に収めたすべてのテクストにかんして言えることだったのである。

本書は、専門家の論考や解説としてではなく、非専門家による〈思想評論〉として読まれることを望んでいるのである。

Ⅰ　ポストナショナリズムの精神史

〈思想〉とは何か

最近、〈思想〉とは何だろうか、とずっと考えている。

英語やフランス語では、〈思想〉に相当する言葉は一般的ではない。英語の thinker は「思想家」にかなり近いが、thought という単語は、political thought of Hobbes（ホッブズの政治思想）のように、過去の思想家については言えても、「ぼくは思想をやっている」という能動的な意味で使うことはできない。*Thinking Politics* という本のタイトルならば、「政治を思想する」と訳せるかもしれないが……。〈思想〉は、日本語に固有の概念だと考えたほうがよさそうである。

鷲田小彌太によれば、ある個人の考えが普及し、大衆化されて、人びとに影響を与え、社会を動かすようになってはじめて〈思想〉と呼ばれるという（『平成教養講座　講義・マルクスとマルクス主義』、三一書房、一九九七年四月）。しかし、現代の言語学に莫大な影響を与えたとは言えないルイ・イェルムスレウのテクストに、「理論的」のみならず、「思想的」だとしか言いようのない質的な感じを受けるのは、どうしてだろうか(ちなみに、イェルムスレウは記号論には巨大な影響を与えた)。〈思想〉には、普及度、影響力といった外在的な性格だけでなく、ある種の内在的な性格も備わっているのではないか。

〈思想〉が内在的に〈学問〉と異質であるのは、後者のように何らかの対象、たとえば言語一般、あるいは特定の言語の記述と分析に終始するのではなく、いかに考えるか、いかに生きるか、どのような社会を作るか、といった問いを立て、それに答えようとするからだろう。「どうなっているか」を明らかにしてそれで終わるのではなく、現代の人間がいまだに答えを見いだしていない問いを立て、それに答えようと試みる知的営為こそ、〈思想〉なのではないか。〈思想〉とは、既成のパラダイムを壊して、新しいパラダイムを生み出そうとする営為だ、と言ってもよい。〈思想〉とは、本質的にラディカル(根底的=過激)なものなのである。

荒岱介『行動するエチカ——反形而上学の冒険』(社会思想社、一九九八年二月)は、マルクス・レーニン主義の生産力至上主義を批判し、マルクス主義とは異質な英国経験論、とくにJ・S・ミルに学び直し、倫理学の方向へと向かうことを全体のテーマにしている。荒岱介の究極目標は社会の変革以外にはないが、マルクス主義というかつての社会変革思想の限界が明らかになった現在、いったいどう考え、どうすればよいのか、目指すべき社会のオルターナティヴは何なのか。現在の社会を批判するとともに、二〇世紀文明とは異質な新しい文明の〈理念〉を提示する。〈理念〉も〈思想〉もフランス語では idée であり、〈思想〉の目的は〈理念〉を提出することにほかならない。

〈思想〉を求めてゆくと、荒岱介のようにかなり明確に左翼系、マルクス主義系の著者が多くなる傾向がある。現在の社会の変革を追求するのが〈思想〉、ことに「社会思想」の本質であるとすれば、社会主義が破綻したと言われる今日でもなお、それが保守的なものではなく、革新的ものになるのは、避けがたいのかもしれない。逆に言えば、保守が〈思想〉になるのは、難しいのではないか。日本の保守主義を代表する西部邁は、自伝的作品の『寓喩としての人生』（徳間書店、一九九八年六月）のなかで、「物書きとは名乗りえても思想家を自称できないでいる」と告白している。外側から見ても、「思想家」と呼ぶには彼の言説にはラディカリティが欠けており、「評論家」と呼んだほうが落ち着きがよい。それが、客観的にも主観的にも、「保守思想」の困難を物語っているように思われる。

振り返ってみると、ソシュール研究から出発し、『誘惑論』、『愛の言語学』といった本を書いてきたぼくの仕事は、経験科学としての〈言語学〉ではなく、〈言語思想史〉の研究をつうじて、自分なりの〈言語思想〉、〈コミュニケーション思想〉、〈倫理思想〉を提出しようと試みてきたものだ、と言ってよいだろう。このような意味における〈思想〉を、ぼくは今後、積極的に引き受けてゆこうと考えている。

〈精神史〉とは何か

二年あまり続いたぼくの精神的彷徨は、ようやく終点にたどり着きつつあるようだ。何度も眼にしながら素通りしていた〈精神史〉という言葉が、確かな感触をもってぼくのなかに定着しつつあるからだ。ぼくにとって、〈精神史〉という言葉は〈思想史〉との差異において立っている、と言える。

桶谷秀昭は、ドストエフスキー、北村透谷といった〈個〉によって究められ、担われた思想こそを真の意味での〈思想〉と見なしている。桶谷が〈思想者〉と呼ぶ人びとは、何らかの集団や組織を後ろ盾とせず、孤立無援の苦闘を通じてのみその〈思想〉を生み落とした単独者たちに限られている。

しかし、日本語の〈思想〉という言葉は両義的で、半身を〈集団〉や〈組織〉に浸している。民族・政党・教団など、何らかの集団や組織によって担われる思想は、普通「イデオロギー」と呼ばれている。たとえば、政治学などの社会科学がナショナリズム（民族主義ないし国家主義）を論じるとき、この集団的思想＝イデオロギーとしてのナショナリズムを対象に据えていることは間違いない。これが思想の歴史すなわち〈思想史〉になると、そこで扱われる〈思想〉の集団的性格はいっそう濃厚になる。特定の時代に、体制的か反体制的かは問わず、知識人から大衆にいたるまで大きな影響力をふるった世界観・社会観・人生観の潮流が、そこでは取り上げられるからだ。〈思想史〉とは第一義的には「イデオロギー史」であり、〈思想史〉の主体は民族や階級といった〈集団〉である、と断言できる。最近わが国に紹介されているカルチュラル・スタディーズやポストコロニアル・スタディーズは、人種・民族・ジェンダーなどのイデオロギーの批判的解明に終始している点で、〈思想史〉的なアプローチに属すると言ってよい。

それに対して、〈精神史〉とは、〈個〉によって生きられた思想のドラマとしてある。橋川文三の『三島由紀夫論集成』(深夜叢書社、一九九八年一二月)における〈精神史〉の用法を見ると、「三島由紀夫の精神史」と「時代の精神史」という二種類がある。後者に「思想史」を代入することは可能だが、前者には不可能である。「三島の思想史」と言うと、三島が思想史家として書いた思想史という全然別の意味になってしまい、これが意味をなさないことは言うまでもない。

一九八三年に逝った橋川文三の精神を引き継ぐ松本健一は、『現代日本の精神史』、『近代アジア精神史の試み』、『日本精神史への旅』などの著書を著わし、政治から文学へ、歴史へと仕事の領域を拡げながらも、一貫して近代日本の〈精神史〉を追究してきた。松本の最新著の一つ『歴史の現場――幕末から近・現代まで』(五柳書院、一九九八年一〇月)では、「近代そして戦後日本人の精神史のドラマ」や「大東亜戦争をめぐる日本の精神史」が論じられている。

極言すれば、〈精神史〉の基本型は「わたしの精神史」であって、〈個〉としての〈わたし〉が生き、死んだ実存的な思想劇にゆきつく。それが時代やネイションにまで拡張され、「昭和の精神史」や「日本人の精神史」になっても、有名・無名を問わず、あくまでも〈個々〉の人間が生きた精神史の集積としてしか成立しえない。〈思想史〉が〈一般〉の次元に照準を合わせるのに対して、〈精神史〉は〈個〉から始め、〈個〉から離れることがない。その意味で、〈思想史〉が科学的であるのに対して、〈精神史〉は実存的である。言語学的にいうならば、〈思想史〉は普通名詞的であり、〈精神史〉は固有名詞的である、と言いかえてもよい。固有名詞の歴史としての〈精神史〉が社会科学者よりも文学者によって書かれることが多いのは、この点で象徴的である。

〈精神史〉のなかに埋め込まれた〈精神〉という言葉は、心身二元論の構図のなかで「身体」に対置される「精神」ではなく、むしろ「身体」をこそ孕んでいる。この〈精神〉とは、すべての人びとに行き渡ったデカルト的・普遍的な「精神」ではなく、あくまでも〈個々〉の精神を目指し、それゆえ、個別的な〈身体〉によって生きられ、普遍性や集団性に解消されない〈実存〉の次元を指し示しているからである。

イエス、ポストナショナリズムの原点として

わたしは先ごろ、『ポストナショナリズムの精神』（現代書館、二〇〇〇年三月）という思想評論を上梓した。この書物は、わたしが、〈ナショナリズム以後〉の新しい生き方をたぐり寄せようとして、さまざまな思想家や文学者の言葉のあいだを彷徨し、悪戦苦闘した探究の足跡を映し出している。終章「〈自由〉への道」にいたってようやく、〈自由〉の思想の輪郭を描くことができたが、それも探究途上の一つの里程標でしかない。

ところが、わたしが〈ポストナショナリズム〉という言葉で表わそうとした新しい生のかたちは、いまからちょうど二千年紀前に生きていたイエスという一人の人間によって体現されていたことに、最近になって気がついた。イエスは、おのれの生を拘束した国家と宗教、すなわちローマ帝国とユダヤ教を否定して、真に自由な人間としての生き方を示したからである。イエスの生の軌跡は、強大な国家主義と抑圧的な民族主義という二つのナショナリズムを超え出た、文字どおりポストナシ

ヨナルなものであったのだ。

笠原芳光の『イエス 逆説の生涯』(春秋社、一九九九年六月)は、イエスという存在をキリスト教の教義から引き剥がして、キリストすなわちメシア(救世主)としてではなく、人間の原型としてのイエス像を提示した、鮮やかな著作である。

しかし、わたしの断片的な聖書体験や、山本七平の『聖書の常識 聖書の真実——日本人は「旧約・新約」を誤解している』(講談社+α文庫、一九九九年一〇月)などに照らしてみると、イエスは、まぎれもなく生ま身の人間でありながら、人間を人間的たらしめる精神的価値を一身に体現することで、〈神〉の影を最大限に宿した存在であったと思われてならない。言うまでもなく、実体的存在としての「神」は、人間であるわたしの眼には視えない。わたしは、ある人の人間的な言葉や行為に心を動かされたとき、〈神〉の存在を間接的に感受できるだけである。のちにキリスト教徒になる人びとがイエスという人間をキリスト=メシアだと信じたのは、彼の言葉と行為から世俗の価値を超えた精神的価値を感じとったからに違いない。

イエスが一身に体現した精神的価値とは、〈愛〉と〈自由〉という二つの言葉に集約できるのではないか。〈愛〉と〈自由〉は、これを失なえば人間が非人間的な存在に堕ちてしまう、そのような価値にほかならない。わたしがさまざまな組織や個人の行為を非人間的だと感じて悲しみ、憤るのは、それが〈愛〉と〈自由〉という価値を踏みにじるからであろう。

〈愛〉というのは、イエスの言行が物語っているように、小さな自己を超え、他者の苦しみや悲しみを分かちあうことである。それは、自己中心的なあり方を超え出て、他者に向かい、他者とともに生きることを可能にする感情にほかならない。他方、〈自由〉とは、国家であれ民族であれ教団であれ家族であれ、いかなる組織や共同体への帰属も拒否して、〈個〉としての生死を貫くことである。笠原芳光が明らかにしたように、イエスは、《まず生家から、つぎに洗礼者ヨハネの教団から、さらに自らつくった集団からも離脱した》。彼は、あらゆる組織・共同体への忠誠を拒否して、《永遠の離脱者》として生き、死んでいったのである。

『旧約聖書』の神は、ユダヤ人という一民族のみを選別し、他の諸民族を排除する民族神にすぎなかった。それに対して、イエスが語り、体現したのは、異邦人であれ娼婦であれ、人間であれば民族や階層などにかかわりなく包含する、普遍的な〈神〉であった。イエスの存在には、すでにナショナリズムを超える思想がふくまれていたのだ。だからこそ、ユダヤ教というナショナルな宗教は、イエスという「神人」の出現を契機として、キリスト教というポストナショナルな宗教へと反転していったのであろう。いうなれば、イエスこそ、史上最初の〈ポストナショナリスト〉であったのだ。

そして、このような存在にふれることで、わたしは、人間を人間的たらしめる価値を信じ、〈人間〉を信じることができるのではないか。ここにこそ、わたしがニヒリズムに拉致されずに、希望をもって生きてゆくことのできる原点があるのではないだろうか。

見果てぬ〈共同性〉への夢　あるいは異和感の由来

わたしに『ポストナショナリズムの精神』(現代書館、二〇〇〇年三月)を書かせた根本の動機は、この二〇世紀末日本の、「大衆化」が極限にまで達した時代と社会に対する拭いがたい異和感だった、と言えるかもしれない。

『渡辺京二評論集成』全四巻(葦書房)がこの〔二〇〇〇年の〕七月に完結し、思想の流行とかかわりなく、己れの実存に発する思想と文章だけを磨いてきた、この稀有な思想者・文学者の軌跡を、わたしはたどり直すことができた。最大の収穫の一つは、やはりわたしと同じような異和感に烈しく駆り立てられた人びとが戦前の日本にも存在したのを知ったことである。たとえば、『日本近代の逆説――渡辺京二評論集成I』(一九九九年八月)所収の「二・二六叛乱覚え書」で言及されている磯部浅一や井上日召のように――。

渡辺は、一九三二年の血盟団事件の盟主、井上日召の自伝『梅の実』(一九三四年)を引きつつ、次のように書いている。

右翼的な革命のパトスがもっとも初原的な心的衝迫からじかに導き出されている好例は、井上日召の場合であろう。

日召には生来、抽象的世界に対する強い違和感とそこから生ずる生命的な欠落感があり、その違和と欠落を埋めたいという強い衝動があった。彼が「(…)『俺ほど正直な人間は恐らくあるまい』と思ったりした」のは、この衝動の強烈さのせいである。「(…)忠も孝もあるもんか、善悪も糞もない……俺はあくまで正直でありたい、その結果よしや監獄に打ち込まれるようなことがあるとしても、ソレは仕方がない。(…)しかし如何な苦痛に遭うとも自己が是なりと信ずることを行なって死んでゆくなら精神的には満足できるはずだ」。(…)フィクションでない社会があっていいはずだ、そこでしか自分は生きられない、若き日の日召はこう考えたことになる。約束ごととしての機構を一切虚偽とみなしてやまないこの心性は、なるほどたしかに〝幼児的〟であろう。だがこれほど初原的であるような欲求もまた、人性のうちには存在しないことはあきらかである。

かくして磯部や井上日召などが志向する革命は一つの心情的革命であったことがわかる。フィクションないしシステムとしての制度の価値に対し、それは心情の価値を決定的に優先させようとする革命であった。(…)だが磯部や井上の心情的革命への志向は、たんに彼ら個人の衝迫だったのではなく、わが国の下層社会における伝統的な心性にその根拠をもっていた。

一般には「超国家主義者」の一人とされる、この右翼革命家が近代市民社会に対していだいた異和感の根底には、善悪でも正義でもなく《正直》という心情があったわけだが、《自己が是なりと信ずることを行なって死んでゆく》という生き方、すなわち自己への忠誠としての《正直》こそ、わたし自身が幼少時から今日まで変わらずに大切にしてきた原理的価値だったのではないか。現在の「大衆社会」に対して止めどなく沸き起こる異和の感情は、この《正直》という源泉に発しており、だからこそわたしは、自分と他者との関係も《正直》にのみもとづいた愛の関係であるべきで、利害の調整や約束事というフィクショナルな人間関係は一切排したい、という根深い欲求に衝き動かされてきたのではなかろうか。

《人間のいやしい欲求をしりぞけ、人間の至純高貴なものを尊重するような共同社会のありかた》を求めてやまぬわたしには、彼らの《右翼的な革命のパトス》に心魅かれるところがある。かつて『評伝 宮崎滔天』(一九七六年四月)に《私はやはりこの人の生涯に自分とおなじ病いを見出したのである》と書き、『日本コミューン主義の系譜——渡辺京二評論集』(一九八〇年五月)で自らを《永遠の書生、つまりおとなになることを断念せねばならぬ人間》と規定していたことを重ね合わせるなら、渡辺京二という人もまた、近代西欧からわが国に移植された〈市民社会〉という擬制を拒み、〈共同体〉という真実を追い求めずにいられない人間であるに違いない。

『荒野に立つ虹――渡辺京二評論集成Ⅲ』(一九九九年一〇月)所収の「非行としての政治――ピョートル一世の場合」にもあるように、《人と人をつなぐ感情の飢え》を満たしたい、《生き方の価値的一致》を実現したいという渇望、すなわち〈愛〉や〈交通〉への欲求が強烈であればあるほど、わたしたちは、現実の社会の非人間的なあり方に対してラディカルな異和の感情をいだき、《離群》という運命をわが身に引き受けざるをえないのではないだろうか。

ハイブリッドの精神　土着／外来の対立を超えて

わたしは、近ごろ上梓した『ポストナショナリズムの精神』（現代書館、二〇〇〇年三月）を完成させるために、近代日本の精神史をめぐる鉱脈――竹内好、村上一郎、橋川文三、渡辺京二、桶谷秀昭、松本健一たち――をくぐり抜ける必要を感じた。わけても、わたしが自著のタイトルに〈精神〉というタームを――〈思想〉ではなく――挿入したことには、『在野の精神』や『戦後の精神』などを書いた松本健一からの影響があることを否定できない。

わたしは、いかなる組織にも党派にも拠らず、いわば単独者として近代日本精神史の探究を続けてきた松本健一の姿勢に共感を覚え、多くのことを学んできた。ところが、彼の探究の原点に据えられた一つの前提については、どうしても同意できないものが残るのである。

わたしが異和感をいだかざるをえない一点とは、何か。たとえば、松本は、初期の著作『風土からの黙示――伝統的アナキズム序説』（大和書房、一九七四年一月）の「序」のなかで、次のように書いている。

日本のアナキズムはもっぱら「外来思想」として、わがくにのインテリゲンチァに影響を与えた。思想が内発的契機によって生まれたものでなく、外から与えられたものであれば、それはついに皮相なものである。根づく可能性はない。もし外からの契機によったものであるにしても、それが根づくためにはすでに内発的土壌をもっており、移植がその内発的土壌を掘りおこすような形であるならば根づきえよう。(…)

むろん、いまここで伝統と近代あるいは土着と外来の対立図式を振りかざすつもりは、さらにない。日本に伝統的アナキズムとよぶべき思想、あるいはその萌芽としてのユートピア思想はなかったのか、と問いたいのである。もし皆無なら、日本には当面アナキズムは思想として根づかないし、惟神の道を内から変革してゆくしかない。(…)

アナキズムが幸徳〔秋水〕から大杉〔栄〕へつなぐ近代主義的系譜で論究されるかぎり、その帰結は転向であり、権藤〔成卿〕や橘孝三郎や下中弥三郎や中里介山らの農本主義(天皇制アナキズム)へ慕い寄ってゆくしかないのである。(…)

(…)かくのごとき方法による伝統的アナキズムの照射がないならば、アナキズムは永遠に外来思想で終るだろう。そしてまた、わがくにびとたちの肉声が圧殺される度合いがいやますのである。

今日ではナショナリストとして知られる松本健一が、かつては明示的にアナーキズムの立場に立っていた。その事実にもまして、わたしがここで注目するのは、彼の思想的原点とでも言うべきものが刻まれていることである。彼は、《外来思想》としてのアナーキズム、すなわちロシアのバクーニンやクロポトキンから影響を受けた《幸徳から大杉へつなぐ近代主義的系譜》を《皮相》なものとして斥け、反対に、日本固有のユートピア思想、《伝統的アナキズム》なるものを掘り起こそうとするのである。《伝統と近代あるいは土着と外来の対立図式を振りかざすつもりは、さらにない》と断わってはいるものの、彼が、渡辺京二や桶谷秀昭らと同様、この《対立図式》に固執していることは否定できないだろう。これは、わが国の近代化＝西欧化という思想的課題をめぐる、夏目漱石以来の基本的図式にほかならない。つまり、《内発的》なるものこそ本物で、《外発的》なるものは借り物にすぎない、という価値的序列が前提として存在するのである。

わたしは、『風土からの黙示』一冊だけをとっても、松本健一の思想的営為の意義を認めるものだが、しかし、《内発的》な、日本に固有の伝統にしか本物を認めないという思い込みは、いまや修正を迫られているのではないだろうか。外国、とくに欧米のものなら何でも有り難がるという日本人の後進国的な意識に対しては、わたしも大いに批判的である。しかし、その裏返しに、外来のものは何でも偽物として排除するというのも、また逆に偏狭にすぎるのではないだろうか。

そもそも、純粋に《内発的》なるもの、純粋に日本的な伝統などというものは、厳密な意味では存在しない。その意味で、わたしは、アイルランドの哲学者、リチャード・カーニー(Richard

Kearney）が提示した〈ハイブリッド〉という文化の捉え方に共感を覚えている。アイルランド人であれ、日本人であれ、わたしたちは、つねにすでにハイブリッド、すなわち異種混淆的、雑種的、混血的な存在なのだ。どれほど伝統のなかに定着した、土着の文化現象であっても、本来は複数のヘテロな伝統の越境と交配によって産み出されたものなのであり、その生成過程をとらえて《皮相》であると決めつけることはできないのである。

ここでわたしは、アナーキズムにおける《幸徳から大杉へつなぐ近代主義的系譜》を擁護しようというのではない。しかし、大杉栄のアナーキズムにしても、《外来思想》に触発されたものだからといって、一日本人としての実存的体験と無関係だとは断定できないだろう。むしろ、大杉のように、《外来思想》から刺激を受けつつ、日本という〈いま・ここ〉で思考し、書き、行動することこそが、近代日本の思想的伝統を形作っている、と考えるべきではないだろうか。明治から今日にいたる近代日本においては、純日本的であるもののほうが、かえって人為的な構築物であることが少なくない。松本自身、アナーキズムという《外来思想》の概念を避けることができず、自著の副題に《伝統的アナキズム序説》という、まさに「和洋折衷」の表現を用いざるをえなかったのは、その証拠ではないだろうか。〈ハイブリッド〉であることは、《皮相》どころか、近代日本の伝統に根ざした文化の在り方にほかならないのだ。

カーニーが〈ハイブリッド〉という新しい文化観を提起したのは、北アイルランド紛争におけるユニオニストとナショナリスト、すなわち、一方で北アイルランドの英国との「連合（union）」を支持するプロテスタント系住民、他方で北アイルランドのアイルランド共和国との「統一（union）」を念願するカトリック系住民との対立・抗争を超克するという目的のためであった。なぜかといえば、両陣営とも、それぞれ純粋英国文化、純粋アイルランド文化なるものに拘泥しており、その根底には「純粋」、「純血」に価値をおく偏狭な文化概念が横たわっているからである。英国による植民地支配を烈しく憎み、排撃しようとするアイルランドのナショナリストたちは、英国の文化的伝統を構成する言語と宗教、すなわちゲルマン系の英語とプロテスタンティズムに対して、純粋アイルランドの文化的伝統として、ケルト系のアイルランド・ゲール語とカトリシズムを対置してきたのである。

ところが、カーニーが明らかにしたように、ゲール語とカトリックに象徴される純粋アイルランド文化なるものは、完全な虚構とは言わないまでも、アイルランドの歴史的伝統の一部分を取り出したものにすぎない。実際、一八世紀末にユナイティッド・アイリッシュメンの叛乱を指揮したウルフ・トーンをはじめ、英国の植民地支配に抗して、アイルランド独立のために闘ったアイルランド人の多くは英国系・プロテスタント系であったし、その抵抗運動のメディアとして用いられたのはゲール語ではなく、もっぱら英語だったのである。《アングロかつゲーリック。カトリックかつプロテスタント。土着的かつ入植的。リージョナルかつコスモポリタン》――カーニーのいうこの異種混淆性、越境性こそが、アイルランドの文化的伝統を形作ってきたのである。

文化観におけるハイブリディティの承認は、ナショナリズム対ユニオニズム、すなわち純粋アイリッシュvs純粋ブリティッシュという不毛な対立・抗争に終止符を打つという政治的な帰結を孕むものでもある。現に、一九九八年四月に結ばれた「聖金曜日合意」では英愛協議会（British-Irish Council）という機関の創設が決定され、北アイルランド、スコットランド、ウェールズという地域が、英国とアイルランド共和国という二つの主権国家と対等な立場で参加して、ブリテン島とアイルランド島をふくむブリテン諸島全体の問題について協議することになった。これは、カーニーがかねてから提唱してきた〈ポストナショナリズム〉のシナリオを具現化したものと言ってよいのではないだろうか（詳しくは、立川健二『ポストナショナリズムの精神』所収、「〈思想〉としてのアイルランド――ナショナル・アイデンティティを超えて」を参照されたい）。

Ⅱ　国家と実存

西欧化＝近代化によって移植された〈市民社会〉に異和感を禁じえず、真の〈共同体〉を渇望せずにいられないわたしたち日本人の土俗的情念――この《日本近代の逆説》は、〈方法〉として、トルコという国家を呼び出すのだ。

方法としてのトルコ　あるいは《日本近代の逆説》をめぐって

『日本語の復権』を起点として

同じ講談社現代新書の一冊として、前著『20世紀言語学入門――現代思想の原点』（一九九五年四月）において、「言語の世紀」と呼ばれた二〇世紀を象徴する科学、言語学のみごとな見取り図を提供してくれた加賀野井秀一が、いわばその応用篇として、わたしたちの「日本語」についての考察に進み出たのが、『日本語の復権』（一九九九年七月）である。

本書の刊行は、折しも昨年、一九九九年の「日本語ブーム」と重なるかたちになったが、加賀野井のモチーフは、専門家が日本語の正しい使い方について指南してあげようという啓蒙性にはなく、自身の日本／フランスの言語体験をふまえて、一種の文明批評を展開するところにある。あえて単純化するならば、「ムカつく」、「キレる」といった極小の表現を好む新世代の登場にいたって顕在化した《甘やかされた日本語》に対する異和感が、フランス滞在の長い著者にこれほど本格的な日本語批判を書かせた、と言ってもよい。要するに、本書は、日本人の言語行動に焦点を合わせ、「日本語論」という形式をまとってはいるが、本質的には世紀末日本の大衆社会・管理社会に対する批判の書になっているのである。

古来、日本人が世界でも例をみない《均質社会》を基盤として、《表現能力》を軽視し、逆に《察知能力》を洗練させる独特の言語文化を作ってきた、という著者の議論の型は、欧米先進国を基準として日本の後進性を批判するという従来の日本論や比較文化論の基本パターンを反復するものにすぎない。しかし、このような近代主義的な発想の枠組みにもかかわらず、著者の感受性は二〇世紀末のわが国の大衆社会の新しい動向を見逃してはいない。著者の研ぎ澄まされた感受性の網によって掬い出されてきた日常言語のさまざまな実例と、それぞれにかんする鋭い考察とによって、わたしは以下のような発見に導かれた。

明治の開国から一三〇年、大東亜戦争の敗戦から五〇余年を経て、日本は近代化をなし終え、近代化のモデルであった欧米諸国と横一線に並んだと言われてはいるが、言語表現能力の面では日本人はまったくと言ってよいほど近代化されないままにとどまっている。さらに悲劇的なことに、日本人の言語使用上の特性とされる《暗黙の了解》や《他人への配慮》を支えてきた古来からの伝統がここにきて失なわれ、《以心伝心》というコミュニケーション形態がもはや機能しなくなってきているというのだ。

著者の批判的感受性がもっとも鋭敏なものとして表われているのは、たとえば以下のような箇所である。

こうした「暗黙の了解」が失われたところでは、「他人への配慮」も従来のようには通じなくなってくる。(…)それまで他人への緊張した気配りと自己抑制との上に成り立っていたあいまいな物言いが、すっかり形骸化してしまい、ただただ怠惰な思考への言い訳としてのみ残って、やがては大衆迎合的な人間を乱造することにもなりかねまい。

(加賀野井秀一『日本語の復権』、講談社現代新書、一九九九年七月)

表現者の怠惰が幾代も重なり、実際にこうした表現しかできない世代が誕生してきているとしたらどうだろう。さらにまた、そうした怠惰の許される以心伝心の前提が失われ、表現能力の低下を察知能力が補わなくなってきているとしたらどうだろう。これは大問題ではないか。

(前掲書)

これが意味するのは、言語生活に注目するならば、わたしたち日本人が、一方では欧米を規範とした〈近代化〉も成し遂げていなければ、他方では近代以前から存続してきた〈伝統〉も解体されつつある、悲惨きわまりない時代に逢着した、という震撼すべき事態にほかならない。要するに、欧米の言語と比較して日本語の美点と考えられたものまでが形骸化して、単なる短所になり変わってしまったということである。

これは、欧米近代を規範とする進歩主義者の眼から見ても、日本古来の伝統を保守しようとする保守主義者の眼から見ても、嘆かわしい事態だ、と言うほかはない。しかしながら、加賀野井はいつまでも日本社会に対する慷慨に終始しているわけではなく、本書の後半ではいわば建設的な方向に転じ、《日本語は英語やフランス語にくらべてあいまいな言語だ》という俗説を西欧の言語学の立場からキッパリと斥けることによって、欧米人の言語表現能力に見倣いながら、和歌に見られるような、日本語に蓄積されている高度な伝統を保持し、生かしてゆく方向をたぐり寄せようとしている。要するに、著者の根本的な立場は、わたしたち日本人のナショナル・アイデンティティの根底にある国民語（ラング・ナショナル）に対して、〈伝統の保守にもとづいた近代化〉を提唱するというものにほかならない。「近代化＝欧米化か、伝統か」という二者択一ではなく、〈近代化〉と〈伝統〉の、〈進歩〉と〈保守〉の中間に日本語がこれから進んでゆくべき途を見いだそうというのである。

トルコの《言語革命》をめぐって

加賀野井秀一の『日本語の復権』構想を、たとえば、二〇世紀前半の、トルコのいわゆる《言語革命》と較べてみるとどうだろうか。ここでアジアの「極東」に位置するわが国をアジアのいわば「極西」に位置するトルコに照らし合わせてみたいのは、竹内好が示唆したように、アジア諸国の近代化には少なくとも二つのタイプがあり、中国・インドの型に対して、日本とトルコは同じ型に属すると見なせるからだ（「方法としてのアジア」、『日本とアジア――竹内好評論集　第三巻』、筑摩書房、一九六六年一月所収参照）。夏目漱石の言葉を借りれば、中国・インドは《内発的》な近代化の型を代表し、日本・トルコは《外発的》な近代化の型を代表する、ととりあえず想定することが可能である。

多民族・多言語のオスマン帝国が崩壊し、同質的な「トルコ国民」にもとづいた近代的国民国家（ネイション・ステイト）を建設するために、トルコ共和国の初代大統領、ムスタファ・ケマル、通称アタテュルクがみずから先頭に立って、多くの学者たちを動員して敢行したのは、一方では、アラビア文字からラテン文字への転換に見られるラディカルな〈近代化＝西欧化〉の側面、他方では、人びとの姓名をふくめて、アラビア語（セム語族）やペルシャ語（印欧語族）など「外国語」に由来する語彙をすべてトルコ語（アルタイ語族）起源の語彙に置き換えるというラディカルな〈復古〉の側面、この二面を併せもつ根底的な《言語革命》であった。前者、西欧の文字の採用に表われているのは、トルコがイスラム文明圏から西欧文明圏に移行するという、断固とした〈近代化＝西欧化〉の選択の宣言であり、後者、全語彙のトルコ化に表われているのは、言語の純粋化によって民族（ネイション）の純粋化・同質化をはかるという、ナショナルな〈伝統〉の全面的復古にほかならない。

《言語革命》の軸をなすこの二つの方向は、いっけん矛盾するようでいて、近代的国民国家（ネイション・ステイト）の本質に肉薄するものである。フランス革命以来の西欧的国民国家（ネイション・ステイト）は、資本主義の発展に対応した〈市民社会〉だけで成り立つものではなく、同時に、民衆の幻想的な帰属意識（アイデンティティの根拠）に対応する〈共同体〉としての〈民族（ネイション）〉をも必要とするからである。したがって、トルコの《言語革命》は、このような近代的国民国家（ネイション・ステイト）の本質を読み抜いたアタテュルクの天才によってこそ、実行されえたのだ。彼は、多民族帝国の支配層の言語にすぎなかったオスマン・トルコ語を徹底的に《革命》することによって、現代トルコ語といういわば人工言語を創り出したのであり、この国民語（ナショナル・ランゲージ）によって「トルコ人」という国民（ネイション）がはじめて創出されたのである。

日本語にかんしてこのような《言語革命》を実践することになれば、一方では、現在の漢字・ひらがな・カタカナという文字体系を廃止してローマ字（ラテン文字）表記に切り換えること、他方では、西欧起源の新しい外来語、いわゆるカタカナ語を排するだけでなく、中国語起源の漢語（これも外来語なのだ！）までふくめてすべてを純粋な和語、すなわちひらがな語に置き換えることを意味することになるだろう。だが、加賀野井は、漢字かな混じり文にしても、国産と外国産の混合した語彙にしても、日本語の現在の姿をむしろ望ましいものとして評価し、進んで保守しようとしている。つまり、アタテュルクという一個の強烈なカリスマによって断行されたラディカルな《言語革命》ではなく、明治の開国以来わが国の先人たちが集団的に行なってきた、緩やかな改良が基本的には肯定されているのである。「革命」ではなく「改良」、というのが彼の現実的な姿勢である。これは、加賀野井秀一のバランスのとれた精神の在りよう、良い意味で「常識的」な感覚が導き出したものに違いあるまい。

日本からトルコへ

それにしても、気になるのは、トルコのことである。

このたび『評論集成』全四巻を完結させた思想家、渡辺京二は、ロシアや日本のように西欧近代をあとから追いかけた国では、〈共同体〉を希求する民衆の情念が、外部から導入された資本主義とそれに対応する市民社会によっては満たされることがなく、そこから逸脱して、《土俗的》とでもいうべき情念の層を構成し続けることを執拗に指摘してきた。

> 実体として利害の体系である市民社会を指向しながら、幻想として共同体的な正義が貫徹されてあるものと擬制しなければならぬというこの絶対矛盾は、わが近代史をつらぬく基本的逆説となった。誇張していうなら、われわれの近代政治史の過程はことごとく、このほんねとしての前者とたてまえとしての後者の角逐ないし錯綜としてとらえることができるほどである。
> (「ナショナリズムの暗底」、『日本近代の逆説——渡辺京二評論集成Ⅰ』、葦書房、一九九九

年八月所収）

いわゆる西欧的な市民社会は、資本主義を国家運営の基本に据えるわが国に完全に定着したように見えるが、渡辺の指摘によれば、実はいまだに表層的な《借り着》にとどまっており、民衆の深層にまで浸透しているとは言えないのである。

今日の平均的日本人大衆はこの世が共同体的な幻を追い求める場処ではなく、合理的技術的な手つづきによって、分立する個別利害としての自分の欲求を他の個別利害と調整しながら貫徹すべき場だと、素直に得心しているように見える。だが、はたしてそうなのか。それはかなり身についてはいても一種の借り着ではないのか。（…）おそらく、今日の日本人大衆の意識は、利害の体系としての市民社会の原理にけなげに適応しながら、なおかつそれを心からは肌になじまぬものと感じる土俗的土着的な深層を失ってはいないのである。（前掲書）

渡辺は、このような《土俗的土着的な深層》の存在を凝視し、はっきりと言語化しながらも、これを手放しで賛美しているわけではない。なぜなら、こうした民衆の《土俗的》な情念は、右であれ左であれ、全体主義的な政治体制に吸収され、いわばその母胎を構成するという傾斜を有しているからだ。

この大衆の生活意識のもっとも土俗的な層は、日本天皇制を支え、スターリニズムの制覇を許容し、ナチズムを噴出させ、そして現に毛沢東主義を成り立たせている、彼らのもっとも蒙昧暗黒な部分である。だが同時にそれは、西欧的な市民社会の論理では絶対におきかえることのできない部分でもある。（前掲書）

渡辺京二は、ドストエフスキーが一八七三年から八一年にかけて書き継いだ『作家の日記』の分析をつうじて、日本の民衆の《土俗的土着的な深層》、《大衆の生活意識のもっとも土俗的な層》にきわめて近いものが、やはり遅れて近代化に乗り出したロシアにも見られること、そして、ドストエフスキーがまさに《わが近代史をつらぬく基本的逆説》と格闘した政治思想家だったことを明らかにしている（「ドストエフスキイの政治思想」、『新編 小さきものの死——渡辺京二評論集成Ⅱ』、葦書房、二〇〇〇年一月所収）。

あえてドストエフスキーに取り組まざるをえなかった渡辺の問題意識は、やはり同時期に、内的衝迫からドストエフスキー論を書かずにはいられなかった文芸評論家、桶谷秀昭のモチーフとも響きあっている。北村透谷、石川啄木、夏目漱石など、近代と反近代のいずれにも安住せず、両者のはざまに立ちつづけた近代日本の文学者・思想者たちの課題をおのれの思想的・文学的課題として引き受けてきた桶谷が、あえて異国の文学者と取り組まなければならなかった内的なモチーフは、次の引用に明らかである。

彼〔ドストエフスキイ〕はロシヤ近代の否定者であった。が、どのような否定者であったか。彼はピョオトル〔大帝〕以来のロシヤの近代の趨勢を、必然的な社会的本能として認めざるをえなかった。ピョオトル以前のモスクワ時代のロシヤを理想化するスラヴ派の感傷的懐古趣味に同意できなかった。

しかし、歴史の必然を認めることと、それに同意することとは別である。ドストエフスキイは、ロシヤの近代化にたいして、必然なるが故に同意することはできなかった。彼は慄然とした。そして戦慄は憤怒になった。（…）

たとえばドストエフスキイがピョオトル大帝以後のロシヤと言うとき、われわれは明治維新をパラレルに考えてよく、あるいは人によっては一九四五年ではじまる戦後を考えてもいい。いずれにしても、われわれは自分たちの生きてきた社会の分解過程を身にしみて体験してきているので、日本の近代の歴史についての考えの相違を問わず、分解の体験において共通の感触がある。

（桶谷秀昭『ドストエフスキイ』、河出書房新社、一九七八年一一月）

ドストエフスキーの死後、彼の祖国、帝政ロシアと日露戦争を交え、勝利を収めたわが日本から限りない衝撃と霊感を受けとったアジアの知識人は多かったが、その一人がトルコのアタテュルクであった。アタテュルクをふくむ多くの「アジア人」にとって、近代化に遅れたとはいえ、ロシアはヨーロッパの、「白人」の強大国には相違なく、その大国をアジアの小国が撃破したことから大きな感銘を受け、ヨーロッパ帝国主義とのそれぞれの闘いに向けて勇気を汲み出したのである。この時期、極東の日本から極西のトルコにいたるまで、「アジア主義」的な情念がみなぎっていた、と言うことができるかもしれない。

わたしがここで考えずにいられないのは、渡辺京二が執拗に語ってやまない《わが近代史をつらぬく基本的逆説》という問題意識が、ロシア同様、あるいはそれ以上に、トルコにこそくっきりと存在するのではないか、ということなのである。トルコの近代史は、日本とまったく同様に、〈市民社会〉と〈共同体〉とのあいだの、〈ヨーロッパ〉と〈アジア〉とのあいだの、あるいは〈近代〉と〈伝統〉とのあいだの《角逐ないし錯綜》の歴史として捉えることができるに違いないからだ。

トルコの知識人たちは、基本的にはアタテュルク以来の近代主義＝西欧主義の伝統を擁護しながらも、民衆のなかに根を張っている土俗的な情念や、それをたくみに吸収しようとするイスラーム原理主義とのはざまに立って、屈折と苦渋に彩られた実存的思索を展開してきたはずである。あるいは、クルド人をはじめ、トルコ共和国内で公式には存在を認められていない数多くの少数民族・少数言語の存在にも心を痛めているに違いない。要するに、二〇世紀以来のトルコの近代化、すなわち国民国家（ネイション・ステイト）建設が孕まざるをえなかったあらゆる種類の《逆説》を思想の課題としてきたに相違ないのである。

アジアの西の涯てのかの国にも、東の涯てのわが国の竹内好、渡辺京二、桶谷秀昭のように、〈近代〉と〈伝統〉とのはざまで格闘する文学者や思想家は存在するだろうか。いや、存在するに違いない。四年前、一九九六年の夏に一度トルコ各地を訪れただけで、トルコ語を解さないわたしとしては、トルコの文学・思想界の内容が日本語でも紹介されることを期待するほかはない。

付記

本稿を執筆して以降、二〇〇六年にノーベル文学賞を受賞したトルコの作家、オルハン・パムクの小説が藤原書店や早川書房から数多く翻訳出版されているし、さらに遡って、日本の夏目漱石に相当すると目されるアフメト・ハムディ・タンプナルの大作『心の平安』(藤原書店、二〇一五年九月)も翻訳されている。「方法としてのトルコ」という問題意識は、新しいフェーズを迎えていると言わなければならない。

ファシスト国家の起源　あるいは見果てぬ〈共同性〉への夢

二〇世紀に悪夢をもたらしたファシスト国家の起源には、〈真情の共同性〉への美しい夢が隠されている。全面否定されてきたファシズム国家論からいま救抜すべきなのは、そんな愛の共同性への見果てぬ夢ではなかろうか。

見果てぬ〈共同性〉への夢、あるいは異和感の由来

わたしに『ポストナショナリズムの精神』(現代書館、二〇〇〇年三月)を書かせた根本の動機は、この二〇世紀末日本の、「大衆化」が極限にまで達した時代と社会に対する拭いがたい異和感だった、と言えるかもしれない。

『渡辺京二評論集成』全四巻(葦書房)がこの(二〇〇〇年の)七月に完結し、思想の流行とかかわりなく、己れの実存に発する思想と文章だけを磨いてきた、この渡辺京二という稀有な思想家・文

学者の軌跡を、わたしたちはたどり直すことができるようになった。最大の収穫の一つは、戦前の日本にも、やはりわたしと同じような異和感に烈しく駆り立てられる人間たちが存在したという事実を知ったことである。たとえば、『日本近代の逆説——渡辺京二評論集成Ⅰ』(一九九九年八月)所収の「二・二六叛乱覚え書」で言及されている磯部浅一や井上日召のように。

渡辺は、一九三二年の血盟団事件の盟主、井上日召(一八八六(明治一九)年—一九六七(昭和四二)年)の自伝『梅の実』(一九三四年)を引用しながら、次のように書いている。

右翼的な革命のパトスがもっとも初原的な心的衝迫からじかに導き出されている好例は、井上日召の場合であろう。

日召には生来、抽象的世界に対する強い違和感とそこから生ずる生命的な欠落感があり、その違和と欠落を埋めたいという強い衝動があった。彼が「(…)『俺ほど正直な人間は恐らくあるまい』と思ったりした」のは、この衝動の強烈さのせいである。「(…)忠も孝もあるもんか、善悪も糞もない……俺はあくまで正直でありたい、その結果よしや監獄に打ち込まれるようなことがあるとしても、ソレは仕方がない。(…)しかし如何な苦痛に遭うとも自己が是なりと信ずることを行なって死んでゆくなら精神的には満足できるはずだ」。(…)フィクションでない社会があっていいはずだ、そこでしか自分は生きられない、若き日の日召はこう考えたことになる。約束ごととしての機構を一切虚偽とみなしてやまないこの心性は、なるほどたしかに

〝幼児的〟であろう。だがこれほど初原的であるような欲求もまた、人性のうちには存在しないことはあきらかである。

かくして磯部や井上日召などが志向する革命は一つの心情的革命であったことがわかる。フィクションないしシステムとしての制度の価値に対し、それは心情の価値を決定的に優先させようとする革命であった。（…）だが磯部や井上の心情的革命への志向は、たんに彼ら個人の衝迫だったのではなく、わが国の下層社会における伝統的な心性にその根拠をもっていた。

通常「超国家主義者」の一人と見なされているこの右翼革命家が近代市民社会に対していだいた異和感の根底には、善悪でも正義でもなく《正直》という心情があったわけだが、《自己が是なりと信ずることを行なって死んでゆく》という生き方、すなわち自己への忠誠としての《正直》こそ、ほかならぬこのわたし自身が、幼少時から今の今まで変わらずに大切にしてきた原理的価値ではなかっただろうか。現在の「大衆社会」に対して止めどなく吹き上がる異和の感情はこの《正直》という源泉に発しており、だからこそわたしは、自分と他者との関係も《正直》にのみもとづいた愛の関係であるべきで、利害の調整や約束事というフィクショナルな人間関係は一切排したい、という根深い欲求に衝き動かされてきたのではなかろうか。

《人間のいやしい欲求をしりぞけ、人間の至純高貴なものを尊重するような共同社会のありかた》を求めてやまぬわたしには、井上日召らの《右翼的な革命のパトス》に心魅かれるところがある、と告白せざるをえない。

渡辺京二は、かつて『評伝 宮崎滔天』（一九七六年四月）に《私はやはりこの人の生涯に自分とおなじ病いを見出したのである》と書き、『日本コミューン主義の系譜――渡辺京二評論集』（一九八〇年五月）で自らを《永遠の書生、つまりおとなになることを断念せねばならぬ人間》と規定していたのだった。このことを重ね合わせるなら、渡辺京二という人もまた、近代西欧からわが国に移植された〈市民社会〉という擬制を拒み、〈共同体〉という真実を追い求めずにいられない人間であるに違いない。

『荒野に立つ虹――渡辺京二評論集成Ⅲ』（一九九九年一〇月）所収の「非行としての政治――ピョートル一世の場合」にもあるように、《人と人をつなぐ感情の飢え》を満たしたい、《生き方の価値的一致》を実現したいという渇望、すなわち愛や交通への欲求が強烈であればあるほど、わたしたちは、現実の〈社会〉の非人間的なあり方に対してラディカルな異和の感情を突きつけ、《離群》という運命、すなわち自分ひとり群れを離れるという運命をわが身に引き受けざるをえないのである。渡辺京二と同様に、このわたし自身も。

《心情の共同性》としての《徒党》

こうしたことを考えていたわたしにとって、「非行としての政治――ピョートル一世の場合」は、無類に興味をそそられるテクストである。

ロシアの近代化＝西欧化を上から進めたことで知られるピョートル大帝（一六七二年—一七二五年）というツァーリのアウトロー的なメンタリティから説き起こしたこの評論は、《心情の共同性》としての《徒党》について論じたものだが、「二・二六叛乱覚え書」に紹介されていた井上日召の市民社会に対する異和感と《正直》に貫徹された共同体の希求への着目と、思想的モチーフにおいて通い合うところがある。いずれも、わたし自身が長いあいだ、意識と無意識のはざまで追い求めてきたものであって、ピョートル的な《徒党》には、かつて、一九九〇年から九七年にかけてわたしが主宰した「現代言語論研究会」という愛と情念の共同体の在り方をまざまざと思い起させるものがある。

ピョートルの事蹟は、心情的な徒党というものがかならずたどる軌跡を法則的に示している。この世には、正統的な統治というものがあり、それを映す日常という鏡がある。その統治からも日常からもはみ出たものは徒党をつくる。徒党だけが、はみ出た場所で生きられる世界だからである。だから、徒党は心情の共同性である。この結合においてのみ、たがいに心がかようという閉鎖された共同性である。この共同性は、社会の正統性からいえば非行とみなされる。

だとすれば、ファシズム的な政治、あるいはファシスト国家というものは、このようなアウトローたちが形づくる《心情の共同性》としての《徒党》に起源があるのではないか、という見当をつけることができるかもしれない。その証拠に、渡辺京二は、ヒトラーを直接的には論じてはいないものの、ヨアヒム・フェストという著者の『ヒトラー』を引用していて、アレクサンドロスからナポレオン、スターリン、ヒトラーにいたる独裁者が《異国人》であり、《アウトサイダー意識》をもっていたこと、それが国民を壊滅させるにいたったことと心理的に関係がある、という指摘を引用したうえで、《これはあたかもピョートルのためになされた指摘のようだ》、とコメントしているからである。要するに、ピョートル大帝は、ヒトラーにいたるファシスト独裁者の系譜のなかに位置づけられているのである。

このような渡辺京二の議論を読むにつけても、わたし自身にファシスト的な精神の傾きがあることを暗示されているような気がしてくる。先に引用した「二・二六叛乱覚え書」でいえば、《右翼的な革命のパトス》、右翼的な《心情的革命》と言いかえてもよい。

生き方の価値的一致を求めるあらゆる集団は、みな徒党である。理解で一致するから徒党で、思想で統合するから徒党ではないということはない。何で結合しようと、好ましい仲間で集まる集団はすべて徒党だ。こいつとなら死んでも、あいつとならいやだというのが、徒党の始りであるとするならば、人間のもっとも美しく純粋であるような心情の結合が、なぜ歯どめのない恣意に行きつくのか。金がほしいのも、異性がほしいのも、美食をしたいのも、すべて「堕落」ではなく人間の真情だからだ。

経済的な利害の調整機構としての〈市民社会〉とは異質な〈共同体〉として、渡辺が、このような《徒党》に対して好意的な視線を送っていることは、言うまでもない。

ここから、渡辺はロシアのピョートルを離れて、《東洋の政治》へと議論を一般化し始める。言及されているのは、主として中国のケースである。

日常的郷村からの離脱

アジアにおいて、帝王権力がつねに神聖化され、その統治が伝統的性格を帯びて来たのは、周知のことである。しかしその帝王権力は、出自をたどれば山賊野盗の類いなのがつねであって、要するに郷村の伝統的生活秩序におさまらぬ連中が、徒党をなして上方へ疎外されたのである。東洋の専制権力はこういう奇妙な逆説を刻印されている。神聖君主のメダルの裏は粗野な非行者なのだ。(…)すなわちアジアでは、政治とは郷村共同体から上方へ向けて排出される非行なのだった。

むろん、非行は政治として表現されるとは限らない。日常の構造からはじきだされる夢は、権力へ向かわなければ、反権力・反日常的な小天地へと向かう。隠遁と名づけてもいいし、超俗と呼んでもいい。東洋的な世界の構造はだから、帝王権力、隠士的小天地、日常的郷村の三極から成る。基底としての日常から疎外された非行的情念はポジとしての帝王権力とネガとしての隠士的小天地に分化して対峙するのである。

だから東洋にあっては、郷村の日常を社会と呼ぶなら、政治と宗教はいずれも社会からの離脱、すなわち出世間の形態であった。社会はそういうものを排出することによって、恒常的自己同一性を保った。政治とは徒党のかたちで保持される夢であり情念であるという東洋的特性は、政治がこのように社会から異物として排出されることによって成り立っている。

ヨーロッパ的理解では、政治はそれとまったく異質のものである。(…)すなわちそれは、社会が社会として成り立つためのコストであり必要悪であって、その実体は個別利害の計算にもとづく調整なのである。政治が夢や情念ではなくて、合理的な計数であるというのは、画期的な近代の発明であるといっていい。


日常的郷村からの離脱の一方の極としての「隠遁」や「超俗」に渡辺京二自身の生き方が投影されている、と考えても間違いないだろう。


私は例によって龍頭蛇尾、八〇年代の後半にはほとんど絶筆の状態となり果てた。(…)私は論文あるいはジャーナリズムから逃避したかったのかも知れない。(…)

(…)いやその前に、自分の姿勢を根本から変えたかった。その試みにも紆余曲折があり、結局ひとりになるのに十年かかった。文章を書かずに十年、ただ生きた。書く姿勢と位相を整えるための十年であった気がする。

（「あとがき」、『荒野に立つ虹――渡辺京二評論集成Ⅲ』）

ここで、渡辺が日常的郷村からはじき出された政治世界と隠者的世界に共感を寄せるのは、中央にすわるリベラル――今日の日本政界で使われる「リベラル」より広い意味で――な政治権力から利用され、斬り捨てられる左右両翼に好意を寄せていたのと、まったくパラレルだと言ってよいだろう。

わが国の近代の主導的な指導部分である広い意味での自由主義者たちは、つねにこのような右翼と左翼を嫌悪してきた。彼らは近代日本国家のほんねが資本制市民社会にあって、天皇制共同体主義はたてまえにすぎないことをよく承知していたから、そのたてまえを強制してくるあらゆる思想や運動を、結婚して二十年もたつのになお愛のささやきを強制してやまぬ女のような小児的ロマンティシズムとみなして、軽蔑し、憎悪したのである。（…）

市民社会的現実になじまず中世的幻想に逃避しようとする下層民の土着的な心性は、近代日本国家にとってはただ天皇制によって収奪すべきものとして存在し、知識人のイデオロギーがそれを政治的に組織しうるような単純な回路はどこにも存在しなかった。その回路を政治的ロマンティシズムの形態で設定しようとした右翼の運動は、一見いかに天皇制国家のオーソドキシーのように見えても、あくまでその少数派、その心根のみをよしとされて首きられるべき捨て石にほかならなかった。

（「ナショナリズムの暗底」、『日本近代の逆説——渡辺京二評論集成Ⅰ』、一九九九年八月）

自由主義であれ、保守主義であれ、日本の政治権力は《日常的郷村》、すなわちムラ共同体的な日常世界に基盤をおき、そこを「地盤」としていることは明らかであり、要するに、退屈きわまりない風景にすぎないのである。

もう一度、「非行としての政治」における渡辺京二の議論に戻ろう。

西欧的理解における政治が、貴族の民主主義的伝統にもとづく、利害の調整の体系だとするならば、東洋的理解における政治は、郷村の共同体的伝統にもとづく、夢と欲望の体系と規定できる。それゆえに、東洋では、政治は徒党の非行という性格を帯びるのだともいえる。

郷村的日常において、人びとは義務と慣行に縛られ、家主となり子を生み、老いて死んでいく。徒党の情念的共同とか夢とかは、若衆組の時期に仮に許される道楽にすぎない。その道楽に固執するものは、政治あるいは宗教として、日常に縁のない上層へ疎外される。（…）西欧的近代は、郷村の共同を分断してマスとしての個の世界をつくりだした。情念的共同を求める衝迫の根拠をとりはらった。政治は徒党の非行ではなく、個別利害の集合を管理する技術となった。だが、その世界でも、人びとは日常の理法に縛られ、親となり、老いて死んでいく。そのなかで感情の飢えは、ことに人と人とをつなぐ感情の飢えは、声もあげずにどこへ消え去るのか。

或る生き方の夢、人間の或るありかたの夢を全社会的に拡張しようとする集団は、いかなる思想や倫理を掲げようとも徒党である。私は彼らの行動を非行としての政治と要約した。ひとが言葉と感情の通じる相手を見いだしたとき、それが徒党の始まりであるのはかなしいことだ。徒党から非行としての政治への回路はどこで絶たるべきなのか。ピョートルの事蹟はそう、われわれに問うているように見える。

渡辺京二の「非行としての政治」は、こう結ばれている。

ファシスト国家、あるいは〈真情の共同体〉のほうへ

このような《感情の飢え》、《人と人とをつなぐ感情の飢え》、すなわち、情念や心情の共同性への希求を、わたしはいかにしてもあきらめることができない。その意味で、わたしが渡辺京二と同種の人間であることは間違いない。

わたしがこれまで追究してきたテーマは、愛にせよ、誘惑にせよ、交通にせよ、どれも〈真情の

共同体〉とでも呼ぶべきものの探究にほかならなかったし、かつてわたしが主宰した「現代言語論研究会」という集団は、反共同体主義、すなわち既成の組織や共同体の足枷からの離脱を掲げながらも、根底においては〈真情の共同体〉の実現を目指すものであった、といまとなっては断言してもよいだろう。わたしが渡辺京二と同様に《離群》の運命を引き受けて、隠者的な孤独へと還帰したモチーフにしても、そのような〈共同体〉を激しく希求する心情を裏返したものにほかなるまい。

最近のわたしが、カール・シュミット、北一輝、井上日召など、「ファシスト」あるいは「超国家主義者」などと呼ばれる政治思想家たちに強く惹かれているのは、彼らが単なる《利害の調整の体系》としての〈市民社会〉にとどまらない、情念や真情の共同体としての〈国家〉というものを強烈に訴えかけてくるからではないか、と思われる。

いまや冷静に語る渡辺京二に言わせれば、それは《徒党》を起点とする《非行としての政治》以上でも以下でもない、ということになるのだろうが、わたしには、それをあくまでも人間的な〈交通（intercourse）〉の在り方として何とか打ち出し、現実のものにしてゆきたい、という想いが強いのだ。

民主社会主義者に言わせれば、左のコミュニズムも右のファシズムも、どちらも全体主義であることでは同根だということになるのだが、あくまで合理的なドグマの上に打ち立てられたコミュニズム（スターリニズム）に対して、理論や科学ではなく、愛や情念の共同性を発展させたファシズムは、政治の形としてかなり異質なのではないだろうか。

中川八洋のように「真正自由主義者」を名乗る論者は、フランス革命こそロシア革命、すなわち共産主義革命の起源であると見なしており、これは保守主義者のあいだでいまでは定説に近い理解になっているようであるが（『正統の哲学　異端の思想――「人権」「平等」「民主」の禍毒』、徳間書店、一九九六年一一月を参照）、しかし、フランス革命はむしろファシズムやナチズムによる保守革命の起源にこそ位置づけられるべきではないだろうか。なぜなら、フランス革命においては、自由・平等とともに、人びとのあいだの〈友愛（Fraternité）〉という理念にもとづいて、フランス国民という〈ナシオン（Nation）〉が創り出され、産み出されたのだから。つまり、フランス革命の〈友愛〉という理念を引き継いだのは、冷徹無比なるマルクス・レーニン主義やスターリニズムではなく、主としてファシズムのほうだったのではあるまいか、と言いたいのだ。それをあえて左翼の側で見るならば、〈友愛〉の精神は、コミュニズムよりも、それと対立して敗れ去ったアナーキズムのほうに継承されている、と考えてよいだろう。

ファシスト、と呼びたいものは呼ぶがよい。にもかかわらず、最近のわたしは、西欧的、とりわけ英国的な自由主義や民主主義の伝統とは根底的に異質な政治観、国家観として、ファシズム――ヨーロッパのそれも、日本のそれも――の再評価に取りかかりたい、という想念にとりつかれているのである。

（彩の国〈熊谷〉にて、二〇〇〇年一二月記）

〈アジア〉から〈東洋〉への転換　あるいは人種概念としての「アジア人」

ヨーロッパ人のいう「アジア人」が露骨に人種概念でしかない以上、わたしたちはそれを断固拒否すべきである。かつてのアジア主義者の理想を継承するならば、〈東洋〉という地理・文化概念を引き受けるべきなのだ。

人種概念としての「アジア人」

ヨーロッパ人から、より具体的にはフランス人から「アジア人」と呼ばれたときに、わたしが侮蔑されたような感情をいだいたのは、単に自分に「アジア人」という意識がなく、「日本人」という意識しかない、というだけではなかった、と思い始めた。

それは、フランス人のいう「アジア人」が、まぎれもなく人種概念であったからに違いない。なぜなら、フランス人のいう「アジア人（asiatiques）」とは、東アジアから中近東（西アジア）まで包含する、最広義の〈アジア〉の人びとを指すのではなく、明確ではないが、東北アジアと東南アジアの人びと、要するに、彼らから見て一定の身体的特徴を備えた人びとのカテゴリー、端的に言ってしまえば、「黄色人種」ないし「モンゴロイド」を指し示すにほかならないからだ。このような意味での「アジア人」に属するのは、中国人、日本人、韓国人、ベトナム人等々であって、彼ら、「白人」の眼から見ると、これらの人びとは「皮膚が黄色い」とか、「眼が細い」とか、「顔が平板」とかいった共通の身体的特徴を分かちもった一群の人びとに映るらしい。

わたしたちを「アジア人」と呼ぶフランス人自身はといえば、「ヨーロッパ人(européens)」ないし「西洋人(occidentaux)」、これも端的に言ってしまえば「白人」に属しているという意識をもっていることは間違いない。「ヨーロッパ人」と言ってしまうと、アメリカ人、オーストラリア人など英国系入植国家の人びとを排除してしまうから、都合がよいのはやはり「西洋人」のほうだということになるだろう。

フランス人たちのいう「アジア人」が人種概念だというのは、彼らが「アラブ人」と「アジア人」とを明確に区別し、別々のカテゴリーとして扱っていることからも判明する。「アラブ人(arabes)」とは、フランスがかつて植民地支配していた北アフリカ(マグレブ)の国々、すなわち、アルジェリア、モロッコ、チュニジア三国の人びと、すなわち「アラビア語(arabe)」を話す人びとを中心として、アラブ世界、あるいは中東イスラーム世界の人間を漠然と指し示す言葉になっている。フランス人とっては、「アラブ人」も「中近東人」も「イスラーム教徒」も一緒くたであって、たとえばトルコ人などは「アラブ人」の一変種くらいにしか考えられていない。言語的に見れば、トルコ人はアラビア語ではなく、トルコ語を話すのであり。トルコ語はアルタイ語族に属し、セム語族のアラビア語とはそもそも系統が異なっている。とはいえ、なるほど、「アラブ人」として一括される人びとは、「アジア人」とは明らかに異なった身体的特徴を備えており、多少浅黒いことを別にすれば、身体つきにせよ顔立ちにせよ、「白人」との差異はかなり小さいと言ってよい。

それでも、フランス人が口にする「アラブ人」という言葉が差別的な響きをかもしていることは否めないので、「アラブ人」たちの意識は屈折したものになる。たとえば、わたしがユダヤ系フランス人の友人宅で同席したトルコ人の男性は、自分たちは「白人」であって、きみたちのような「眼の細い」連中とは違うのだ、と言いきって、優越感にひたっていた。「白人」の側に身を寄せることによって、差別の対象から逃れようという屈折した意識の表われに違いない。あるいは、わたしが以前よく滞在していたパリの星なしホテルの従業員のアルジェリア人たちは、ホテルのカウンターにすわるときには、顔を白く化粧して、「白人」になりすましていたものである。そういえば、わたしたちが「アジア人」というアイデンティティを拒否するのと同じように、彼らも自分たちでは「アラブ人」とは言っていなかったと思う。彼らの意識も、「アルジェリア人」や「モロッコ人」など、国民国家（ネイション・ステイト）の単位に分かれているのであって、蔑称的カテゴリーとしての「アラブ人」を引き受ける気はないようだった。

要するに、フランス人の意識世界では、「白人／アラブ人／アジア人」という人種的なカテゴリー化がなされているわけだが、もう一つ忘れてはならないのが、「黒人（noirs）」である。「アラブ人」の住む北アフリカ（マグレブ）のみならず、サハラ以南のいわゆる「ブラック・アフリカ」の国々を植民地化した栄光の過去を誇りにしているフランスには、これらの人びともたくさん生活している。彼らを一括して「黒人」と呼ぶわけだが、これが人種概念であることはあらためて言うまでもない。当事者の意識はどうなっているかと言えば、「アラブ人」と同様、国民国家（ネイション・ステイト）を単位とした「マリ人」、「セネガル人」等々を主張するのは当然であるが、それに加えて、意識的に「黒人」を避けて、「アフリカ人（africains）」という呼称を好んで引き受けているように見うけられた。たとえば、フランス人にとっては、マリ人も、セネガル人も、ニジェール人も見分けがつかないという前提を認めたうえで、待ち合わせの相手が見あたらないときなど、《すみませんが、髪の毛が長くて眼鏡をかけた「アフリカ人」は見かけなかったでしょうか?》というような話し方をするのである。「アフリカ人」と言えば、いささか人種的・差別的な色彩が払拭されるものの、これが純粋な地理的概念でないのは、アフリカ大陸の北部（サハラ以北）に住むマグレブの「アラブ人」が「アフリカ人」にふくまれないことからも明らかである。

以上の記述をここでまとめるならば、フランス語の表現に反映されているフランス人の一般的な世界観において、世界の人びとは、「西洋人（白人）／アラブ人／アジア人／黒人」という四つのカテゴリーに分類されていることになる。

彼ら、すなわち「西洋人（白人）」がその他のカテゴリーに対して優位に立っている（と信じ込んでいる）ことはあらためて言うまでもないが、自分たち以外の三グループにかんしては、いずれに対しても対立感情や距離感などがあって、どういう序列がつけられているのかは、にわかには定めがたい。外見上は「白人」に見間違うほどの「アラブ人」であるが、フランス社会でもっとも「問題を起こす」と見なされているのも彼らである。「黒人」に対しては、フランス人にはアメリカ人のような差別意識はないが、文明や近代化の遅れた国々からやって来た人びとを深層意識ではやはりもっとも差別しているのかもしれない。「アジア人」は、しいて言うならば、自分たち「西洋人（白人）」といちばん距離感があって、それだけに比較的対立する場面が少ない、という意識をいだいているのではないかと思われる。フランスに暮らす「外国人」のなかでは、中国人や日本人はいちばん「問題を起こす」ことが少なく、平和的な存在だと見なされているからである。

（知識人をもふくむ）一般的なフランス人の日常的な世界観から、こうした人種のカテゴリーが抽出できるものの、これが「科学的」なものでないのは、彼らの生活世界を中心とした、単純化された分類にすぎない以上、当然のことである。要するに、フランスにいてよく見かける存在だけが取り上げられているにすぎないのだ。たとえば、フランスでいう「アラブ人」を、ドイツであれば、おそらく「トルコ人」と呼ぶのではないだろうか。ところが、世界には、西洋人（白人）／アラブ人／アジア人／黒人という四つのカテゴリーのいずれにもふくまれないような人びとが実は少なくないのである。たとえば、ラテンアメリカの、基本的に混血系の人びととか、中央アジアやカフカース（コーカサス）の人びととか、どの人種カテゴリーに分類したらよいのか困ってしまう身体的特徴を備えた人びとが少なからず存在するのだが、こうした人びとはフランスとは比較的縁が薄いために、カテゴリーとしては立てられていないのだ。たとえば、フランスにはインド人はほとんどいないので、「インド人」というのはあまり意識されることがない。英国であれば、「アジア人」とも「アラブ人」とも区別して、「インド人」という人種カテゴリーを独立に立てているに違いない。

逆にいえば、わたしたち日本人とは違って、フランス人の意識がこの四つの人種カテゴリーを明確に区別しているのは、過去の植民地支配の帰結として、彼らの生活世界にそれだけ多種多様な人間が現前しているからである。わたしたち日本人が、良くも悪くもこれだけ精密な人種概念をもたないのは、とくに「アジア人」と「アラブ人」の区別を欠いているのは、わたしたちの生活世界に後者がほとんど姿を見せることがないからに相違ない。

「人種」という架空

いずれにしても、フランス人のいう「アジア人」というのが要するに「黄色人種」ないし「モンゴロイド」を意味する人種概念であり、それゆえ必然的に差別的なものである以上、わたしたちは「アジア人」というカテゴリー化を拒絶して、「日本人」という国民(ネイション)＝民族の意識に立てこもるほかはないだろう。あるいは、考え方や感じ方が近くて、親近感をいだくことの多い韓国人の友人たちとは、「アジア人」ではなく「東洋人(orientaux)」という言い方を好んでしていたものだった。フランス人が「東洋人」という、単語としては存在する言い方をほとんどしないのは、それが人種概念ではなく、「アジア人」と「アラブ人」という二種類の、彼らから見て泰然と分かたれた二つの人種を包含してしまい、何かと都合が悪いからに違いない。だとすれば、わたしたち、韓国人と日本人とが(この輪に中国人は入ってこないのだが)、無意識にではあるが、人種概念としての「アジア人」を避けて、文化概念、あるいは地理概念としての「東洋人」のほうを受け容れていたのは、ある意味では理にかなっている、と考えてよいだろう。

つまり、「人種」などという雑駁な概念を、わたしたちは絶対に受け容れることができないのだ。「人種」というカテゴリー化の装置は、「白人」を優位に置いたヒエラルキーを必然的に含意するのであって、自分が「白人」に属すると思っていない人びとにとっては、無用なばかりか、有害なものでしかないからだ。そもそも、少しでも観察すればわかるように、わたしたち「黄色人種」の皮膚の色が「白人」のそれと較べて「黄色い」などということは、ないのである。わたしよりも「黒い」皮膚をもった西洋人など、いくらでもいるのだ。

そういう意味では、人種差別(racism)のイデオロギーを告発しているはずの、英語圏のカルチュラル・スタディーズやポストコロニアル・スタディーズの論者たちが、「有色人種(people of colour)」などという表現を平気で用いているのは、はなはだ無神経だと言うほかはない。「有色人種」という表現自体、いうなれば「非有色人種」なるものを無標(non-marqué)とし、それ以外のすべてを「有色人種」と名づけて有標(marqué)化する、きわめて雑駁なイデオロギー的世界観を免れていないのである。つまり、わたしが言いたいのは、「有色人種(people of colour)」に対する差別を弾劾する、批判する、脱構築するなどと称するカルチュラル・スタディーズ的、ポストコロニアル・スタディーズ的な言説そのものが、現実には存在しない差別を捏造していると言わざるをえない、ということだ。人種差別なるものを、性差別や民族差別と同列に立てること自体が間違いなのだ。後者には差別と闘う主体があるが、前者には当の主体が存在しないのだから。そもそも、「有色人種」とは誰のことなのか、わたしたちにはよくわからないのだから。わたしたちは、ただ「人種」という概念それ自体を拒否し尽くせば、それでよいのである。

人種差別が現実には存在しないと述べたのは、それが「白人」と自己定義する人びとの頭のなかにしか存在せず、差別される側のもろもろの人びとにとっては存在しないからである。先に具体的に見たように、「アラブ人」にせよ、「アジア人」にせよ、「黒人」にせよ、有標化された「人種」カテゴリーは、フランス人、あるいは広く西洋人の意識のなかにしか存在しないのだ。つまり、同じアラビア語という言語を話す同一民族というアイデンティティ意識が存在する「アラブ人」はおそらく別にしても(本書、「「ユダヤ人国家」の彼方へ――ユダヤ人/ユダヤ教徒をめぐる言語論的考察」の「3「アラブ人」とは何か」を参照)、わたしたち「アジア人」と呼ばれる者たちにとって、「アジア人」は自己同一化(identification)の対象としては成立していないのである。わたしたち日本人は、自分たちがアジア人だ、とは決して思っていないのだ。そのような勝手な分類を引き受けなければならない謂われなど、いっさいないのである。ましてや、「有色人種」などという、文化的にも地理的にも何の裏づけもない不明瞭な概念は、わたしたちが積極的に引き受けるアイデンティティになろうはずもない。「有色人種」などという概念を用いて、差別のイデオロギーと闘っているつもりの「白人」たちは、ほとんど許しがたい偽善を行なっている、と言うほかはないのだ。彼らは、「人種」なるものが西洋人の世界観のなかにしか存在しない、フィクショナルな存在であることをまず認識すべきなのである。

このような架空の概念である「人種」は一刻も早く廃棄すべきものであるが、それに対して、〈民族（nation）〉のほうはそうはゆかない。なぜなら、「日本人」なり「トルコ人」なりといったネイションの意識は現実に存在するからであり、それらがいわば社会的リアリティになっているからである。戦後に生まれ育ったわたしのように愛国心に乏しい人間ですら、自分が「日本人」であるという意識は否定できない。とくに、外国に生活していると、「日本人」としての意識は尖鋭なものにならざるをえない。滞仏中のわたしは、自分が「アジア人」だなどという意識は、ましてや「有色人種」だなどという意識は金輪際もったことがないが、「日本人」だという意識はつねに、抜きがたく存在していたのである。

そういう意味で、当事者に〈民族〉ないし〈国民〉という意識が存在し、それが人びとのアイデンティティの根拠に据えられている以上、〈民族〉ないし〈国民〉、すなわちネイションという概念は簡単に廃棄することはできない。それと同時に、「人種差別」ではなく、民族差別に対しての闘争は、存在の必然性がある。たとえば、「在日」と呼ばれる朝鮮・韓国系の人びとに対する差別は、明らかに民族差別であって、しかも被差別の当事者に「朝鮮人」なり「韓国人」なりの帰属意識が存在する以上、それは闘争に値すると言うことができる。そこには、架空でもフィクションでもない、社会的リアリティが脈打っているからである。

不思議なことに、フランス語や英語には「人種差別」という言葉は存在しても、「民族差別」という言葉は存在しない。工夫をすれば表現できないことはないだろうが、定型の表現としては存在しないのだ。せいぜい、「外国人嫌い(xénophobie)」という単語が存在するくらいだが、これには、隣国の人びと、たとえばドイツ人やスペイン人に対する嫌悪感もふくまれる。つまり、前者racisme(ラシスム)が、人種差別のみならず、民族差別をも漠然と包含しているというわけだが、こうした言語的(語彙論的)布置の雑駁さにすら、彼らの「人種差別」意識が露骨に顕われている、と考えざるをえない。「明晰でないものは、フランス語ではない」というのは、一八世紀フランスの言語思想家、アントワーヌ・ド・リヴァロールの有名な言葉であるが、人種差別と民族差別とを区別できないフランス語の、どこが「明晰」なのだろうか(立川健二『言語の復権のために――ソシュール、イェルムスレウ、ザメンホフ』、論創社、二〇二〇年二月、二五〇頁を参照)。

わたしたちとしては、このようなヨーロッパ的な言語的擬制を甘受する理由をもたない。その意味で、世界の「大言語」ではなく、「小言語」の一つである日本語で思考することの利点が多少なりとも存在する、と言えるかもしれない。

〈アジア〉から〈東洋〉へ

考えてみれば、昨今のわが国の「アジア・ブーム」における「アジア」が、フランス人のいう「アジア」とほぼ一致しているというのは、いかにも皮肉なことである。この意味での「アジア」は、人種概念としての「アジア人」＝「黄色人種」ないし「モンゴロイド」が生息する東アジア（東北アジア＋東南アジア）に符合しているからである。

それに対して、明治時代から昭和前期のアジア主義者たち、たとえば大川周明が考えていた「アジア」は、むしろ「東洋」に相当する、と言うべきである。フランス人にとって、あるいはおそらく「西洋人」一般にとって、「アジア」というのが黄色人種・モンゴロイドの生息する東アジアを指す用語でしかないならば、わたしたちは「東洋」という、地理的・文化的に「非西洋」を指し示す用語を用いるほかあるまい。あえて「人種」概念で表わすならば、「アジア」も「アラビア」も「インド」も含み込んだものとして、〈東洋〉は立っている。いや、〈東洋〉はそれらを含み超えてすらいるのだ。だから、アジア主義者たちが非西洋・反西洋としての〈アジア〉という言葉に込めた思想的意味合いを取り戻すには、現在であれば〈東洋〉という言葉を採用するほかはないだろう。あるいは、わたしたち日本の人間が、たとえばトルコやイランの人びとと連帯するには、〈東洋〉という言葉に生命を復元させるほかあるまい。

日本語で考えているかぎり、竹内好が指摘していたように、〈アジア〉も〈東洋〉もほとんど同義語として用いられるのだが、フランス語の慣用を考慮に入れると、〈アジア〉よりも〈東洋〉という言葉を用いたほうが賢明であることは明らかであろう。詳しくは知らないが、英語の慣用もおそらくフランス語と類似しているのではないか、と思われる（ただしロシア語では、「アジア」とは中央アジアのことであり、中国や日本などは「極東」と呼ぶというが）。こうした用語法が現在の世界で支配的なものになっているとすれば、それを無視することはできない。だから、〈アジア〉主義の精神を現在に有効に引き継ぐとするならば、わたしたちは〈アジア〉から〈東洋〉へ、と用語法を転換する必要があるのではないだろうか。

実存的個人主義　〈個人主義〉と〈私人主義〉の根本的差異について

保守派がしばしば批判する個人主義とは、実は私人主義のことであり、真の個人主義とは異質である。真の個人主義者、すなわち実存的個人主義者は、ナショナリストとも、インターナショナリストとも統一的に結合し、単色のマスにハイブリディティを呼び込む存在なのだ。

個人主義と私人主義の根本的差異

保守系の論者たちは、しばしば戦後の「個人主義」の風潮を批判し、戦前・戦中を思わせるような国家、公共性、共同体などの復権を主張するが、ここには概念的な、あるいは用語法上の混乱がある、と言わざるをえない。

たとえば、石沢芳次郎（一九一五年生まれ、防衛大学校・拓殖大学名誉教授）は、現代日本人の《精神の空洞化と不安定化》、《虚脱感と閉塞感》、《自信喪失》、そして《人間としての精神の衰弱》の

《最も根源的な原因》として、《公共意識》と対峙される《個人意識》の過剰をあげている。

その原因は、日本人の精神構造において、また、日本の諸制度において、私的な満足や利益や願望などを追求する「個人意識」と、隣近所や自治体や国家などの公共の利益と進歩と安定などを念頭におく「公共意識」のバランスが崩れてしまっていることにあると、私は思います。

（石沢芳次郎『21世紀・日本と日本人の課題――何を改め、何を伸ばすか』、富士社会教育センター、二〇〇〇年三月）

ところが、石沢のいう《個人意識》の意味するところを見ると、それは本来の意味の個人主義とは異質であると指摘せざるをえない。

個人意識は、具体的には「私」の立場からの自由の欲求、権利の主張、権限の行使、他者なき競争となってあらわれ、（…）行き過ぎた個人意識が公共意識より強くなると、規律を無視して自由を求め、義務を遂行することなく権利を主張し、権限を行使するが責任は負わない、社会的連帯を無視して競争に血道を上げるというようになり、人間の共同社会は節度のない「私」の跳梁で破滅への道をたどることになりかねないのです。

（前掲書）

このような言説は、いたるところで眼にすることができるだろう。だが、ここで問題になっているのは、正確には個人主義ではなく、利己主義＝エゴイズムであり、これはあえて「私人主義」と訳すことも可能である。つまり、保守主義者たちが現代日本の荒廃や混迷の根源として批判しているのは、あくまで「私人」の横行――まさに石沢のいう《「私」の跳梁》――としての「私人主義」であって、〈個人主義〉ではないはずである。

〈単独者〉としての個人

〈個人〉というのは、「私人」とは違って、《私的な満足や利益や願望》、すなわち私利私欲を追求する主体ではない。〈個人〉は、ロシアの大思想家、ニコライ・ベルジャーエフが言うように、創造の主体であり、ありとあらゆる創造的行為の源泉にあるものである。実存主義的に言うならば、〈個〉とは、他のいかなる人間とも交換できず、なおかついかなる組織にも、いかなる共同性にも還元できない、人間の〈実存〉としての側面を指し示すものである。あるいは、言語論的に言いかえるならば、普通名詞ではなく、固有名詞によってしか指し示されない存在、それが〈個〉であり、〈個人〉にほかならないのだ。

したがって、わたしは、〈個人〉という言葉を〈単独者（le singulier）〉にきわめて近い意味で用いているのである。

現代の日本社会において問題であるのは、個人主義が横行しているどころか、個人主義が確立されていないことにこそある。個人主義は、私人主義にも、集団主義にも対立する。なぜなら、私人主義と集団主義は矛盾しないからである。いわゆる私利私欲は、いささかも個的・実存的なものではなく、金銭や「良い暮らし」の追求のように、集団的な価値観にもとづいているからだ。

わかりやすく言うならば、〈個人主義〉とは、社会の大勢とは異質で、独創的な生き方や活動をする人びと、たとえば文学者、思想家、芸術家などが総体として前提にしている価値観だと言ってもよいだろう。共産主義にもとづいた文学論、すなわち戦前のプロレタリア文学や戦後の民主主義文学において〈個人主義〉が「ブルジョワ的個人主義」として攻撃の的になったのは、自由な創造の主体としての〈個人〉が、日本共産党の民主集中制にもとづいた政治主義にとって障害になるからであろう。この立場からは、実存主義も「ブルジョワ的個人主義」の一変種にすぎないと見なされている(榊利夫『マルクス主義と実存主義』、青木書店、一九六六年一〇月を参照)。日本共産党をめぐって行なわれた「政治と文学」論争にせよ、井上光晴、中野重治、野間宏、そして『葦牙』の霜多正次など、共産党を離脱する文学者が後を絶たないのは、結局のところ、共産党の文化政策が拠って立つ〈集団主義〉と文学的創造の源泉である〈個人主義〉とのあいだに、根本的な矛盾があるからに相違ない。

文学者や思想家が行なう自由な創造活動が私利私欲の追求と無関係であることは、言うまでもないだろう。つまり、拙著『ポストナショナリズムの精神』(現代書館、二〇〇〇年三月)の「あとがき」にも書いたように、〈個〉は〈公〉と対立するのではなく、〈公〉をふくむものであり、〈公〉は〈個〉

を構成する次元なのである。逆に、〈個〉は〈私〉とは対立するのである。共産党を離れた文学者たちや、あるいはソ連という左翼全体主義国家から亡命したベルジャーエフやソルジェニーツィンのような思想家・文学者を想起すれば明らかなように、個人的な価値の追求は、私利私欲の追求であるどころか、むしろ私利私欲に反するものだ、と言わなければならない。彼らは、明らかに私生活や経済的利益の犠牲とひきかえに、国家や党の全体主義に抗って〈個〉の自由を貫いたのだ。

このように、わたしが誰が何と言おうと擁護したい〈個人主義〉とは、私人としての利益の犠牲を引き受けてでも、組織や集団に抗して〈個〉の自由を貫き通す思想と生き方にほかならない。

個人主義者＝ナショナリスト＝インターナショナリスト

したがって、〈個人主義〉は、集団主義と一体となった私人主義に対抗するものではあれ、ナショナリズムや愛国心と矛盾するものではないのである。もちろん、一方で戦前・戦中の天皇制ファシズム・軍国主義のような右翼全体主義の国家や、他方でソ連のような左翼全体主義の国家のように、国家と社会の全体が均質で一枚岩の体制と化して、〈個人〉の自由を圧殺するときには、勇気ある〈個人〉は、これらの国家が強制する忠誠心や排他的ナショナリズムを拒否しなければならない。たとえば、ロシアの作家、アレクサンドル・ソルジェニーツィンの生の軌跡を見てもわかるように、彼は、根源的にはロシアの民族主義（ナショナリズム）にもとづいてソ連の国家主義に反抗したのであり、彼の反抗と亡命の根底には祖国、ロシアに対する熱い愛情が脈打っていたのである。だから、スターリニズムに対する根源的な告発を続けたソルジェニーツィンが、ソ連崩壊後にロシア民族主義者(ナショナリスト)としての姿を現わすようになったのは、当然のことであって、決して「転向」したわけではないのである。

言うまでもなく、ソルジェニーツィンの偉大なる先駆者は、宗教思想家、ニコライ・ベルジャーエフであり、名著『ロシア共産主義の歴史と意味』(一九三七年)を著わしたベルジャーエフこそ、ソルジェニーツィンの告発に先立って、ロシア・ソ連共産主義に対する天才的な洞察と告発を史上初めて行なった思想家にほかならない。そのベルジャーエフが拠って立つ思想的立場こそ、右に述べた意味での〈個人主義〉であると言って間違いないだろう。彼自身の言葉を使うなら、「人格主義」と言ったほうがよいかもしれない。いずれにせよ、彼はラディカルな個人主義者であったが、同時に民族主義者でもあったし、ロシア・インテリゲンツィアの伝統に忠実に人類同胞主義(世界主義)にも立っていた(ドストエフスキーを想起せよ)。それと同時に、彼に固有の意味で「社会主義者」でもあった、とすら言えるだろう。

ベルジャーエフは、晩年に書いた自叙伝の冒頭に、次のように記している。

私は多くのことに関係をもつに至った、しかし実際は、私の最深奥においては、いかなるものにも「断じて」所属しておらず、また全的に自己を捧げたいと思うものはなかった——私の創造活動を除外すれば。私の本質の深所はつねに或るなにか別なるものに所属していたのである。その際しかし私は決して社会問題にたいして無関心であったわけではなかった――反対にそのためにはげしく奮闘した。私はたしかに「公民」意識に欠けてはいなかった。しかし実際は私は深い意味において反社会的であった。私は社会活動に同化しきれる人間では決してなかった。諸種の社会潮流が私を完全にその同志の一人とみなしたことは一度もなかった。私はつねに精神的領域における「アナーキスト」――そして「個人主義者」であった。

(『わが生涯――哲学的自叙伝の試み――ベルジャーエフ著作集 第八巻』(原著:一九四〇年完稿/一九四九年刊)、志波一富/重原淳郎訳、白水社、一九六一年三月)

このように見てくると、今日の日本の左右のイデオロギー対立の混乱を解きほぐすことができるのではないだろうか。つまり、日本の保守主義と左翼・進歩主義は、公か個か、国家か個人か、国家主義か国際主義か、といったタームで対立しているのだが、この対立はあまりにも不毛ではないだろうか。なぜなら、個人主義、ナショナリズム、(ザメンホフの言葉を借りれば)人類人主義(ホマラニスモ)、この三者は矛盾するものではなく、統一的に結合することができるからだ。それに対して、個人主義も、ナショナリズムも、人類人主義も、ともに私人主義=利己主義とは対立するのである。つまり、もっとも重要な対立線は、個人主義=ナショナリズム=インターナショナリズム/私人主義のほうにあるのだ。

最近の西部邁も、わたしたちと似たような発想を提示している。

> 国家を大事とするものとしてのナショナリズム(国民主義)は、国際主義とも地際(地域間)主義とも矛盾しないのである。逆にいうと、国際主義と地際主義の両方を大事と思うものは、両者を媒介するものとしての国民主義の見地に立たざるをえないということだ。この媒介を欠いたものは世界主義と地方主義のあいだの両極分解のなかでサイコパスとなり、ついには地球市民などという空語を口走るようになる。
>
> (西部邁『ナショナリズムの仁・義』、PHP研究所、二〇〇〇年一二月)

とはいえ、綺麗ごとに響くことの多い「地球市民」という言葉も、個人主義=ナショナリズム=インターナショナリズムと結合するならば、「空語」であることを免れられるかもしれない。仮に「地球市民主義」がコスモポリタニズム(仏 cosmopolitisme; 英 cosmopolitanism)の訳語であるとすれば、それはヘレニズム時代に遡る伝統的な思想であって、決して「空語」ではないのだから。

私人と集団人の群れとしての大衆社会

この私人主義=利己主義の共犯者が誰かといえば、それは欲望の主体としての個人――正確には私人――を肯定し、その結果として、私的欲望のあくなき追求を支える資本主義を肯定する者たちであろう。具体的には、吉本隆明、鷲田小彌太らが明らかにこのような意味での私人主義に立っている。要するに、これら「新左翼」の思想家たちは、資本主義を経済体制としてというよりは倫理的に擁護し、結果として、大衆社会を肯定することになってしまっている。大衆社会とは、要するに「私人」と「集団人」ばかりが全面的に埋め尽くし、〈個人〉を見いだすことが難しい社会のことであろう。つまり、「私人」と「集団人」の群れとしての大衆社会には、〈個人〉の居場所が存在しないということなのである。

要するに、わたしの〈個人主義〉——より厳密には〈実存的個人主義〉と呼ぶべきだろう——は、私人主義〈欲望資本主義〉と集団主義にもとづいた大衆社会に対して、根底的な異和を突きつけるものなのだ。この〈実存的個人主義〉の立場からは、現代日本のような大衆社会のみならず、私的欲望の追求は抑圧されているとはいえ、集団主義的同質性・閉鎖性を極大化した左右の全体主義、すなわちファシズムとスターリニズムとをともに批判できなければいけない。その意味で、わたしの思想的立場は、カール・ヤスパースの弟子であった武藤光朗（一九一四年—一九九六年）の民主社会主義のそれに近いと言ってよいだろう（『現代日本の革命と反抗』、創文社、一九六二年四月、『自由人権の運命——哲学的時論集』、同、一九七九年一一月、『例外者の社会思想——ヤスパース哲学の同時代的共感』、同、一九八三年一一月、編著『左翼全体主義——その理論と実態』、〈民社研叢書〉四、民主社会主義研究会議、一九七四年六月を参照）。

左右の全体主義と大衆社会に抗する〈個人〉

ここで一つ警戒しなければならないのは、スターリニズムにせよ、天皇制ファシズムにせよ、全体主義的な「滅私奉公」の道徳から、現代日本の私人主義や欲望資本主義を批判するような発想が出てくることに対して、である。戦後日本人の道徳的頽廃を嘆くあまり、戦前・戦中のファシズム的道徳を懐かしんだり、復活を望んだりといった発言が保守派——正確には、「極右」と言うべきだろう——によって繰り返されているわけだが、そうした全体主義的モラルが産み出すのは、かつてのナチス・ドイツやソ連、現在の北朝鮮のように、「滅私奉公」の徹底された、軍隊的な規律によって支配し尽くされた社会にほかなるまい。だから、いかに私人主義＝利己主義の風潮に対して批判的であろうとも、右であれ左であれ、全体主義に足をすくわれないように厳重に注意する必要があるのである。

〈個人〉あるいは〈人格〉の〈自由〉に根源的な価値を置き、国家・社会体制としては左右の全体主義と大衆社会とにあくまでも反抗してゆくこと——。このような思想的立場がわたしのものであることとは、疑うことができない。このような思想的系譜に立っているのは、ロシア人ではベルジャーエフとソルジェニーツィンであり、日本人では武藤光朗や勝田吉太郎（一九二八年—二〇一九年。『勝田吉太郎著作集』全八巻、ミネルヴァ書房、一九九二年七月—一九九五年一月を参照）である、と言って間違いないだろう。

いずれにせよ、社会全体の人間たちが「マス」として、同質的な集塊のなかに溶解している大衆社会（société de masse）の時代にあっては、個々別々の〈個人〉、すなわち〈単独者〉がくっきりと存在を主張し、光を放つ必要があるのである。なぜならば、〈個人＝単独者〉は、単色・単形の「マス」に同化されないばかりか、「マス」に鋭く、深く亀裂を入れ、ハイブリディティ（異種混淆性）を呼び込む存在だからである。

（彩の国〈熊谷〉にて、二〇〇一年一月記）

〈表現〉への航行　ぼくはどうして『ポストナショナリズムの精神』を書いたのか(1)

『ポストナショナリズムの精神』のモチーフは、あらゆる〈組織の論理〉に異和を唱えることにある。組織や擬似共同体への同化としてのコンフォーミズムに抗して、自分が拠って立つ根拠としては〈個〉しかないというギリギリの〈実存〉の地点に、自分の生の座標を据えてみたいのである。

〈組織の論理〉に抗して

この小著（『ポストナショナリズムの精神』、現代書館、二〇〇〇年三月）のなかでぼくが一貫してこだわってきた国民国家（ネイション・ステイト）とナショナリズムという〈近代〉のパラダイムに対する批判は、応用的には、どんな規模でもよい、何らかの〈擬似共同体の論理〉に拘束されて、それを超えるレベルに想像力が及ばない貧困な生き方の批判に通じるものである。

たとえば、ナチス独裁の当時、ドイツ国家のために協力し、尽くした人びとは、第二次世界大戦が終結し、ナチス体制が崩壊した後には、「人類に対する犯罪」の名において弾劾されることになった。ここでは具体的な事実を調べずに言うのだが、当時のドイツの人びとのあいだでは、現体制に背かず、進んで協力していた人びとこそが、「まとも」な人びとであり、「善良」な人びととして通っていたことだろう。まったく同じことが、当時の天皇制ファシズム下の日本人にかんしても当てはまることは、言うまでもない。もっと最近の世界に例を探すならば、北朝鮮の人びとの独裁国家体制への恭順ぶりでもよいし、新ユーゴスラヴィアのセルビア人の排外的な民族主義でもよい。このように、支配的な政治体制に盲目的に従う人びとこそが圧倒的マジョリティであるのは、古今東西、普遍的なことであるらしい。

こうしたことに対して、今日、ぼくたちもふくめて、「自由世界」と呼ばれる体制のなかに生きる者たちは、第二次大戦中に戦争に協力した人びとの愚を嘲笑したり、ナチズムであれ、スターリニズムであれ、全体主義体制の下に従順に生きていた人びとを理解不能だ、自分たちの理解を超えている、などと感じたりすることが多い。時や距離を隔てて外側から眺めるならば、硬直した国家体制に従順であったり、排外的なナショナリズムを盲目的に信奉したりしている人びとは、とてつもなく異様で、滑稽に映るものだ。

しかし、天皇に絶対的忠誠を誓って、自分の生命さえ惜しまなかった、わずか数十年前のぼくらの祖父たちの盲目を、いったい今日、誰が笑えるだろうか。仮に自分がその時代に生まれ落ちていたとしたら、ぼくらの祖父たちと違った生き方が果たしてできただろうか。ぼくは、あなたは、

「世間」から、すなわち周囲の大多数の人びとから「白い眼」で見られるばかりか、政府当局によって「政治犯罪者」として捉えられてしまうような、「危険思想」を貫き通すことができただろうか。たとえその体制に内心では異和感を覚えていても、社会から排斥され、こぼれ落ちることを恐怖して、外見上はいかにも従順であるかのように振る舞う、というのが精一杯のところではなかったのか。だとすれば、事後的に見て犯罪的である国家体制に忠誠を誓っていた当時の日本人たち、あるいはドイツ人たちを笑い斥ける権利を手にできるのは、強力きわまりない〈擬似共同体の論理〉を跳ね返せるだけの、あくまでも〈個〉に根拠を置いた強靱な生き方を身につけ、日々実践している者、すなわち〈単独者〉だけではないだろうか。

あらかじめ誤解を避けるために付け加えておくと、二〇世紀の大抵の国々におけるコミュニストたちに代表されるように、国家権力によって非合法化され、地下に潜った政治組織に拠ってレジスタンスを展開することは、なるほど勇猛果敢な生き方として、歴史的に見て尊敬に値するものであることは認めるとしても、ぼくは、そのような立場に立とうとしているのではないのである。文芸評論家、梶木剛が『思想的査証』(国文社、一九七一年一月)などで批判したように、自分はいかなる弾圧にも耐えて転向していないという、自己の「非転向」の事実を盾にとって、「転向」を余儀なくされた人びと、世間の弱き人びとを非難しようというのではないのである。本書(『ポストナショナリズムの精神』)のモチーフは、むしろその逆であって、そのような権力に対する抵抗の組織、非合法の政党や教団もふくめて、あらゆる〈組織の論理〉に異和を唱えることにこそある、と言わなければならない。そのような〈組織の論理〉から見ればいかに実効性が乏しいとしても、自分が拠って立つ根拠としてはもはや〈個〉しかない、というギリギリの〈実存〉の地点に、自分の生の座標を据えてみたいのである。

ローカルな者たちに包囲されて

ナチス・ドイツや軍国主義日本というように歴史的な事態だけを話題にしていると、逆に、ぼくたち自身の生き方の問題としては曖昧にやり過ごされる惧れがあるかもしれない。ならば、もっと卑近な例を持ち出してみよう。

たとえば、学校、企業、官庁といった自分の生活の場のことを考えてみればよい。ぼくたち、世間一般の人間は、学校や職場というように自分が直接帰属する集団に対して、実に忠実な生き方をしているものだ。ここでは、〈組織の論理〉に進んで忠誠を尽くしていることと、〈組織の論理〉を否応なしに強いられてあること、との区別は、多くの場合判然と分かつことが難しい。だから、〈組織の論理〉に従属していることが、個々人の意志に反しているかいないかは、むしろ問う必要のないことなのである。当人の主観において、会社の「企業戦士」であろうとなかろうと、学校の「優等生」であろうとなかろうと、日常的行動という客観の次元において〈組織の論理〉に違反するものでなければ、それは従属していると見なすしかない。

とにかく、このような種々の〈擬似共同体〉に密着した生き方から、たとえば、企業の論理に忠実に行動することが、社会に対する犯罪を帰結することをそのときには全然意識できず、事後的にのみ気づくような、「井の中の蛙」とでも形容すべき者たちが跡を絶たず、紙上・誌上を賑わすことになる。これは、いわゆる「日本人」の性格なのか、人類に普遍的に見られる性格なのかは定かではないが（どちらかと言えば、後者であろう）、このように自分の直属する〈擬似共同体〉に染め上げられ、縛られ尽くして、そこから一歩も外へ踏み出すことのできない人間が、残念ながら社会の大多数を占めているのである。彼ら、あるいはぼくらは、〈ローカル〉な論理に従った、〈ローカル〉な存在にほかならない。一人ひとりを取り出してみれば、善良な女や男には違いないが、彼女や彼は、自分が直接帰属する集団を超えて、さらに大きな社会が外側に拡がっているという当然の事実を知らない。あるいは、知的には知っていても、〝生のリアリティ〟としては実感していない。このような〈ローカル〉に釘付けされた者たちは、自分の置かれている生活空間を超える社会・世界に対する想像力が著しく欠落しているから、「組織の常識が社会の非常識」である、という当たり前の事実にさえ驚くほど鈍感になっているのである。その結果として、彼らは、何の悪気もないままに、しばしば社会や国家、人類に対する犯罪的な行為にまで手を染めてしまうことにもなるのである。

ただし、ここで〈組織の論理〉に縛られた人々を〈ローカル〉な存在として批判したからといって、それならば、〈ローカル〉を超えて、〈グローバル〉な視野を身につけよう、などとぼくは提案したいわけではない。本書〔『ポストナショナリズムの精神』〕に収めた「〈思想〉としてのアイルランド――ナショナル・アイデンティティを超えて」のなかで引用した、パレスチナ出身の思想家、エドワード・サイードが指摘していたように、普遍主義（グローバリズム）というものは実にいかがわしいものなのだ。つまり、〈グローバル〉なるものは、政治的・軍事的・経済的・文化的に最強の力をもった者が、自分たちの論理を他者に押しつけるものにすぎず、その本質においては〈ローカル〉であることに変わりがないのである。よく言われるように、昨今の「グローバル・スタンダード（世界標準）」なるものは、どれもアメリカ合州国産のものにすぎない。

本書〔『ポストナショナリズムの精神』〕でもふれたように、英語が「地球語（グローバル・ランゲージ）」として通用しているのは、英語という言語が内在的に見て、それ以外の言語と比較してグローバルな、普遍的な性格を多く有しているからではいささかもなく、それが政治的・軍事的・経済的・文化的な超大国、アメリカ合州国の公用語であるからにすぎない。ただし、英語がそれまでのローカルな文化の媒体からグローバルなリンガ・フランカ（共通語）として流通するにつれて、その言語的性格を少しずつ〈ローカル〉から〈グローバル〉の方向に変化させてゆきつつあることも、また見逃すことはできない。

要するに、ここでぼくが言いたいのは、〈ローカルの論理〉を斥けるにあたって、ぼくらの拠って立つことのできる〈グローバルの論理〉が先験的に用意されているわけではない、ということなのだ。だからと言って、その時代のいわゆる〈グローバル〉として流通している存在を、本当は〈ローカル〉が偽装したものにすぎないのだと言って斥けていさえすれば、己れの反体制的な「誠実」が保証されるというのも、また貧困な在り方ではないだろうか。たとえば、国家でいえばアメリカ、通貨でいえば米ドル、言語でいえば英語、日本の都市でいえば東京——。ぼくたちは、こういった〈グローバル〉な潮流の中心を演じている、いわゆる〈メジャー〉な存在たちが否応なしに孕んでいる豊饒な資源を最初から拒絶する必要はないのである。なぜなら、そうした「誠実」を気どる人びとが愛好するものは、アメリカに対するヨーロッパにせよ、英語に対するフランス語にせよ、東京に対する京都にせよ、多くの場合、一時代前の〈メジャー〉、いまや衰退して〈マイナー〉に転落しつつある存在であるにすぎないからだ。そうでなく、アメリカに対する「アジア」、英語に対する中国語を持ち出すならば、それは、これから〈メジャー〉になろうとしているものを先取りしようとしているのにすぎない。

だとすれば、〈メジャー〉に対抗するのに〈マイナー〉を持ち出すのは、いささか安易な戦略だと言わざるをえないのである。〈メジャー〉を絶対視、自明視するのが愚の骨頂であることは言うまでもないが、〈メジャー〉を単に敵視することも、それと異質なロジックに立つことにはなっていないのだ。

〈個〉の拠点から〈コンフォーミズム〉に立ち向かって

少々脱線したようだ。ここでもう一度、〈組織の論理〉に釘付けになった人びとの生き方、という論点に話を戻すことにしよう。

〈組織の論理〉といい、〈ローカル〉な存在といい、企業や官庁に忠実に尽くす中高年の男たちだけの問題だと思ったら、それは間違いである。同世代者の論理にのみ束縛された行動が他の世代にどう映っているかに頓着しない若者たちにしても、事情はまったく変わらない。本書（『ポストナショナリズムの精神』）に収めた「アイデンティティの根拠としての言語――社会記号論の視点から」という論考のなかでも少し言及したが、ここ数年来「援助交際」という、実体とかけ離れた名称のもとに横行している女子高校生の売春にしても、「女子高校生」という特定の同世代・同性集団のなかでの同調的な行動の一つにすぎないと思われる。「援助交際」をやっている女子高生が少数どころではないという事実に「世間の良識的な大人」たちは衝撃を受けているようだが、実は、彼女たちは、やっている者が多いからこそやっているのである。「友だちにもやってる子がいる」、「みんなやってるよ」、というのが、彼女たちの行動の根拠になっているのだ。だから、いわゆる「援助交際」が流行することと、携帯電話が流行することとは、集団的な同調行動にもとづいているという点では、同じ位相にあるのである。これもまた、「企業戦士」や「社畜」と同様に、〈擬似共同体の論理〉に染め上げられた、〈ローカル〉な存在たちの姿であることに、何ら変わりがないのである。

　ある組織を絶対視せず、相対化して見ようとするとき、それよりも上位の組織の視座に立って見てみる、という社会の階梯論的な考え方は、思想史に馴染んでいる人たちにとってはごくありふれた考え方であろう。それは、ある種の普遍主義の思考に属しているのかもしれない。しかし、まずはこのありふれた考え方を引き合いに出して、人びとの「理性」に訴えないではいられないほど、ぼくをふくめて人びとの「直属組織」への帰属意識は根強く、それは社会の隅々にまで根を張っているのである。人びとが無意識に行なっている生き方に対して覚醒を促すには、まずは人間が共有しているらしい普遍的な「理性」に、つまりは普遍的な論理に訴えるしかあるまい。

それはさておき、ローカルな〈擬似共同体の論理〉から離反せずに、そのマジョリティと足並みを揃えて、無難な生を営んでいる人びとの根底にある思想を一言で命名するならば、それは〈コンフォーミズム（仏 conformisme; 英 conformism）〉ということになる。ピッタリとした日本語になりがたく、ぼく自身も訳語の決定に思案しているところだが、con-forme の意味を語源に遡るならば、同じ形（forme）を共有している、というのが原意である。だとすれば、〈コンフォーミズム〉は、順応主義、同調主義、画一主義、馴れ合い、などの日本語と遠くない。本書『ポストナショナリズムの精神』でぼくが展開した国民国家（ネイション・ステイト）・ナショナリズム批判の根底にあるモチーフはといえば、究極的には、この生の思想としての〈コンフォーミズム批判〉にこそあるのだ、と言ってもよいだろう。

要するに、ぼくが言いたいのは、どんな規模であれ、何らかの組織や集団の論理に染め上げられ、組織の歯車として「善良」に生きている、世間のごく普通の人びとには、軍国主義日本やナチス・ドイツ当時の「国民」を嘲笑したり、非難したりする権利などありはしない、ということなのだ。ぼくたちは、あえて〈擬似共同体の論理〉に叛らって、マイノリティに転ずることを厭わない、筋の通った人間になれるだろうか。第二次世界大戦中であれば、「非国民」と呼ばれることに果たして耐えられただろうか。また、仮に自分の意志に反してマイノリティに転落したとしても、今度は、マイノリティのなかにも忍び込んでくるもう一つの〈擬似共同体の論理〉を押し返し、党派性から自由であることができるだろうか。

追記

今回をふくめて四回にわたって分載される本稿は、本来、『ポストナショナリズムの精神』（現代書館、二〇〇〇年三月）と併行して書き進められ、具体的には、その「あとがき」となることを予定して完成されたテクストである。

しかし、実際には、本稿「〈表現〉への航行」は「あとがき」として公表されず、代わりに、「ポストナショナリズムの〈精神〉」というテクストが半年後に書かれたのであった。

ぼくが前者の公表をためらったのは、己れの肉声（vive voix）があまりにも激烈に表出されているように思われたからだった。そのために、ロマン主義的である点では共通しているものの、前者と較べれば比較的冷静なトーンで書かれた後者が実際の「あとがき」として採用された、というのが経緯である。本稿のほうは、『ポストナショナリズムの精神』が刊行されたのちに、いずれどこかに発表しようと考えていたものである。

このテクストは、ぼく、立川健二の生のドキュメントとしての価値に焦点があるので、論旨に変更をもたらさない範囲内で、最小限手を加えるにとどめた。

なお、擬似共同体、あるいは擬似ナショナリズムという発想にかんしては、同書の終章「〈自由〉への道」を参照していただければ幸いである。

（彩の国〈熊谷〉にて、二〇〇一年三月記）

〈表現〉への航行　ぼくはどうして『ポストナショナリズムの精神』を書いたのか（2）

組織・擬似共同体へのコンフォーミズムに抗して、〈個〉の〈実存〉の次元にその根拠を据えつけた思想は、言語学ではなく、〈文学〉にその表現を求めるほかはないのである。

〈個〉の拠点から〈コンフォーミズム〉に立ち向かって（承前）

ナショナリズムとは、多くの場合、支配され、差別されたマイノリティ集団が、一個の統一的な集団として覚醒したときにいだく、〈共同体〉のイデオロギーであるに違いない。日本語では、国家をもたない弱小集団のナショナリズムは「民族主義」と呼ばれ、国家を獲得した強大な集団のナショナリズムは「国家主義」と呼ばれるが、そこに本質的な差異はない。なぜなら、より大きな集団のなかで差別された「民族主義」的な集団は、その集団内に存在する、より小さなマイノリティ集団を差別し、抑圧することによって、同時に「国家主義」的な行動に出るからだ。英語支配に異を唱えるカナダ、ケベック州のフランス系住民の「民族主義」は、また同時に、ケベック州内では少数派の英語の母語話者を差別する「国家主義」にも転じうるのだ。このような「ダブル・マイノリティ」の現象は、いたるところに見いだされる。いかに良心的な人間でも、自分が差別され、虐待されながら、この「民族主義」と「国家主義」の二重の意味を孕んだナショナリズムに毒されないでいることは、きわめて困難なことなのである。「民族主義」も「国家主義」も自分は知らない、ここは北アイルランドでもユーゴスラヴィアでもない、そんなものとは無関係だ、と言ってはばからないどんな人でも、おじいさんだって、おばさんだって、少女だって、子どもだって、ナショナリズムのなかで働いている同質化と排除の論理からはいささかも自由ではないのである。

ならば、ナショナリズムの問題に集約的に表われているような、〈組織の論理〉、〈擬似共同体の論理〉を根底から突き崩しうる根拠は、どこにあるのだろうか。それは、究極的には、国家であれ、民族であれ、性別（ジェンダー）であれ、政党であれ、教団であれ、職場であれ、大小にわたるいかなる〈擬似共同体〉に対しても、そこに自分のアイデンティティの根拠を固定的に据えつけることをあくまでも拒絶して、ぼくがぼく以外の誰でもない、〈個〉に立ち還ること、にかかっているのではないだろうか。ナショナリズムに集約的な表現を見る〈コンフォーミズム〉を斥け、解体するのに、グローバリゼーションとか、多文化主義とか、ハイブリッドとか、ディアスポラとか、アイデンティティの多元化とか、いろいろな思想が提出されているし、ぼくもまた本書（『ポストナショナリズムの精神』、現代書館、二〇〇〇年三月）でそれらを検討してきた。だが、それらを突きつめてゆけば、最終的には、いかなる組織にも集団にも還元できない〈個〉に、しかも〈孤〉でしかない〈個〉に突き当たるのではないだろうか。〈個〉とは、決して強いものではない。しかし、弱くて寂しいものでしかない〈個〉、あるいはぼくがぼく以外の誰でもない〈実存〉というギリギリの地点にまで立ち還らないかぎり、圧倒的な存在感で迫ってくる全体化の力を押し返すことはできないのではないだろうか。言いかえれば、徹底的に追いつめられることによって初めて、ぼくたちは自らの〈個＝孤〉を自覚し、〈擬似共同体〉に向かって立ち上がるための、本当の力を身内に充填することができるのではないだろうか。

要するに、誰であれ、他人の生き方や思想の批判に向かうには、ぼくたちの日々の生き方を支えている〈精神〉それ自体の吟味から始めなければならない、ということである。本書〔『ポストナショナリズムの精神』〕では、ささやかではあるが、その一歩を踏み出してみたのである。

誘惑論からポストナショナリズムへと走り抜けて

こう考えてくると、言語思想や記号論の分野で『誘惑論』（新曜社、一九九一年九月）、『愛の言語学』（夏目書房、一九九五年七月）といった著作を書いていた頃から、すでにぼくの根本的なモチーフが〈擬似共同体〉の批判であったことを、あらためて再発見せずにはいられない。これらの著書のなかでぼくが〈愛〉を、〈誘惑〉を、〈交通〉を思想として、生き方の問題として強調したのは、根本的には擬似共同体的な生き方を批判するためにほかならなかったのだ。だから、『誘惑論』、『愛の言語学』から、本書〔『ポストナショナリズムの精神』〕の国民国家（ネイション・ステイト）・ナショナリズム批判、さらに〈ポストナショナリズム〉の提言という問題意識へは、一見すると不連続のように見えて、実際にはかなりの連続性が潜在していたのである。恋愛や誘惑を語っていた人間が、政治や社会を論じるようになったことを不思議に感じる読者もいるかもしれないが、両者の不連続はむしろ表層にある。思想の素材が変わっただけで、根本的なモチーフは変わっていない、と言ってもよい。

前著、前々著を書いているときは、あらゆる物事を言語論的・記号論的に考えようとしたために、〈共同体〉に対して〈固有名詞〉を対置した。共同体に抗して〈固有名詞〉として生きる、という言い方をした。〈愛する〉とは、〈固有名詞〉としての他者に〈固有名詞〉としてのわたしが対することだ、と書いた。いまでは、それを〈固有名詞〉とわざわざ言わずとも、〈個〉とか〈実存〉とか言えばよい、と考えるようになった。ぼくが〈実存〉と呼ぶのは、〈個〉の、全体に還元できない相を指し示している。すべての人間を同色に塗り潰す〈擬似共同体の論理〉に対抗する拠点は、何度も強調したように、最終的には〈個〉の〈実存〉に求めるしかない。

こうした固有名詞的存在としての〈個〉と〈個〉を、すなわちぼくと他者たちとを結びあわせる原理を、ぼくは、フェルディナン・ド・ソシュールの用語を借りて〈交通(intercourse)〉と呼び、個別的な恋愛を超えた〈愛〉の社会的な展開を考えたのだった。しかし、『愛の言語学』を一九九五年七月に出してからのぼくは、個々の固有名詞的存在のあいだの〈愛〉、すなわち〈交通〉の網の目を社会に張りめぐらすという、ユートピア的な思想に賭け続けるだけの確信がもてなくなってきた。〈擬似共同体〉を撃ち破って、あくまでも〈個〉と〈個〉の関係である〈交通〉をめざすなかで、知らぬ間に〈擬似共同体〉ができてくる、という不可避のプロセスに眼をつぶることができなくなったからだ。〈交通〉は、既成の〈擬似共同体〉に対する叛乱として開始されながらも、もう一つの〈擬似共同体〉を招き寄せずにはいないらしいのだ。

　こうしたことを考えるようになったのは、『愛の言語学』の刊行とほぼ同時期に、オウム真理教の犯した空前絶後の犯罪の背景にあった教団そのものの在り方が知られるようになったことにある。中沢新一が指摘していたように、オウム教団が社会の一般的な組織と異なっているのは、教祖と個々の信者一人ひとりとの一対一の関係の集積としてのみ存在している、という点にある。誤解を恐れずに言えば、ぼくは、自分が一人で考えていた〈愛〉と〈交通〉の理想とそれほど隔たってはいないものが、このカルト集団において追求され、また最終的には挫折せざるをえないことを目撃したのである。

　そこで、この二、三年は、国民国家（ネイション・ステイト）とナショナリズムという近代政治思想の文脈に照準を合わせることによって、〈擬似共同体の論理〉の批判的検討をもう一度やり直すという作業に着手したのである。この作業の過程で、アイルランドの哲学者、リチャード・カーニーから影響を受けつつ、ぼくが新たに語り出すに到ったのが、〈ポストナショナリズム〉の思想にほかならない。とはいえ、それは、『誘惑論』や『愛の言語学』のように、大衆に向かって訴えかけるような、ポジティヴな、元気のよい思想の提案に到っていないことは、明らかである。しかし、それはそれで意味のないことではない、と思っている。

〈ポストナショナリズム〉というのも、本書〔『ポストナショナリズムの精神』〕を織りなすモチーフであることは確かだが、まだ終わっていない、ぼくの手探りの思想遍歴の過程にとっては、一個の里程標にすぎない、という気がしている。小説家が、自分でも意識できないような、生涯を貫通する大きなモチーフを根底に抱えながらも、その都度新しいモチーフや設定を用意して個々の作品の創作に向かうように、ぼくは〈ポストナショナリズム〉というモチーフをもってこの書物〔『ポストナショナリズムの精神』〕を書き上げたのである。

たとえば、横光利一〔一八九八(明治三一)年―一九四七(昭和二二)年〕が一九三二年に完成した長篇小説『上海』を書いたときのモチーフは、晩年に到り、戦中から戦後へと書き継いで、結局未完に終わった大作『旅愁』を書いたときのモチーフとは、明らかに同じではない。当時の国際的植民都市、上海を舞台にした前者と、パリを中心にヨーロッパを舞台に繰り拡げられる後者とでは、小説の設定そのものが異なっている。また、それを描く横光の文体そのものにも、抜本的な変化が見られる。それでも、両作品を貫通して、他のどんな作家とも違った、横光利一という文学者に固有のモチーフが存在することも、また否定できないように思われる。それと同じように、「今度の本はこれで行こう」というように、著書を創るその都度、新たにテーマやモチーフを設定するという行き方が、小説家だけでなく、思想家や批評家にもあってよいのではないか。

ぼくが、未だ探究としては熟しきっていない作品をあえて読者の前に投げ出すことにした背景には、そのような想念が渦巻いているように思われる。

言語学との訣別に際して

前著『愛の言語学』(夏目書房、一九九五年七月)の「あとがき」に、ぼくは数年間の探究を一冊の評論集としてまとめるに到った動機について、次のように説明していた。

ぼく自身の内的な意図は、九一年以降の仕事にある種の決着をつけ、新しい出発をはかることである。これから二〇世紀末までの数年間、ぼくは本書第Ⅱ部(言語への愛)の系列にある言語学思想の探究、とくにイェルムスレウの翻訳と研究に没頭しようと考えているからだ。

この言葉を記憶の片隅にとどめておいてくれた読者のなかには、『愛の言語学』の著者が五年ぶりに上梓した書物が「言語学思想の探究」とは無縁ではないにしても、「イェルムスレウの翻訳と研究」とは程遠いことを奇異に感じる方もおられるかもしれない。ぼくがそこで宣言したとおりに歩んできたと言いきるには躊躇いがあるが、かといってそれがまったくの嘘でもなかった証拠に、ぼくは、本にこそしていないものの、一九九五年から九六年にかけて、デンマークの言語学者、ルイ・イェルムスレウの研究と翻訳にかなりの時間を割き、いくつかの雑誌や紀要にその成果を発表した、という動かせぬ事実が存在する。たとえば、月刊『言語』に六回にわたって連載した『「イエルムスレウ」再入門』は比較的長篇であるし〔『言語の復権のために――ソシュール、イェルムスレウ、ザメンホフ』、論創社、二〇二〇年二月所収〕、自ら主宰した研究誌『PHILOLOGIE』の最終号に訳出したイェルムスレウの『言語の基本構造』など、論文とは言っても、これだけでも単行本になるほどの長大なテクストであった。しかしながら、その後、陽光の乏しい東北地方から潮風の強い湘南地方に拠点を移したことも心理的に何らかの作用を刻んだせいか、九七年以降は、この本〔『ポストナショナリズムの精神』〕に現われてきた政治・社会的なるものへの関心に心を奪われて、言語思想史の地道な研究を放り出してしまったこと、これもまた事実なのである。

いまから思えば、このようなぼくの紆余曲折した足どりの背景には、ぼくが十数年来取り組んできた言語思想史の研究に対して、言語学界からの反響が皆無に等しく、「言語学」というのは実に名前と実体の隔たった学問であることを痛いほど思い知らされた、ということも確かにあったと思う。ぼくのかつての留学先のフランスをはじめ、デンマークやイタリアといった、言語研究が人文学(humanities)の伝統に根ざしている西欧諸国の言語学界は事情が違うが、アメリカからの一面的な影響に支配されている日本の言語学界は、言語といっても、個別言語の経験的な分析以外にはいっさい関心がないという、アンチ人文主義に凝り固まっている。だから、いわゆる言語学者たちの頭を占めているのは、極言してしまえば「音声・音韻」と「文法」と「意味」のみであって、言語にかんする思想的探究や言語で書かれた芸術作品などは「言語の科学」とはまるで無関係だと決めつけて顧みず、まったく関心の埒外に置かれているのだ。そんなわけで、ぼくは、ソシュール、ブレンダル、イェルムスレウといった「言語学者」の思想を中心に、「言語学」の存立基盤を問うてきた自分の作品が、当の「言語学者」たちの世界にほとんど読者を得られない、という逆説に直面してきたのである。

だからといって、「言語学者」をめぐる論考を書いているかぎりにおいて、ぼく自身も「言語学者」と自称してやってきたし、世間からも「言語学者」だと見なされてきた。これはぼく個人の事情を超えて、理論的に考えてみても、政治学に政治思想史という分野が存在し、経済学に経済思想史という分野が存在するように、「言語思想史」は「言語学」のなかにそれ相応の場所を占めて然るべきなのだ。なぜなら、「言語思想史」は、「言語学」という科学の認識論的前提を解明する営みだからである。だが、右に書いたような日本の言語学界のローカルな事情があって、「言語思想史」は「言語学」からは完全に排斥されているのだ。しかも、「言語思想史」の研究者だけで一つの共同体を成すには、しょせん人数が足りないのである。それでは、どういう構図になっているのかと言えば、ぼくの本を読んでくれる人が、あちらこちらに散発的にいることはいても、「言語学」以外のどこかに、まとまって存在するわけではない、ということになる(これは、ぼくだけの個人的事情ではなく、ぼくの師の故・丸山圭三郎の場合も同じであった)。要するに、ぼくは、どの世界にも受け容れられていない、という悲哀をずっと噛みしめてきた、と言っても過言ではないのである。

ここまで読んできてくれた読者にはすでに明らかになっていると思うが、ぼく自身の内的な欲求が、〈生〉のなかにもっと、もっと喰い込んでゆくような〈思想〉と〈表現〉を熱く渇望している以上は、熱心な読者もいない一学問に義理立てをする必要などおそらくは全然ないのだろう。ぼくは、イェルムスレウの言語思想の価値を認めることでは人後に落ちないし、言語思想の研究が当の「言語学」にとっても、より一般的にも、大きな意義をもつことは、依然として確信している。そのためにも、現代言語論研究会という集団を組織したり、『PHILOLOGIE』という研究誌を創刊したりして、この分野では人並み以上の努力を払ってきたつもりだ。しかし、一般論としてはそのとおりであっても、ぼく個人が、アカデミックなスタイルで言語思想史の「論文」を書いている場合ではもはやない、と感じ始めているのである。「言語思想史」が市民権を勝ち取る日が到来し、それを包含してより豊かになった「言語学」にもっと多くの人びとが関心を寄せるようになることを心の底から望むにしても、だからといって、〈個〉としてのぼくは、言語学と心中するわけには決してゆかないのだ。

言語学に別れを告げたぼくの視線の先に拡がっているのは、言うまでもなく、〈文学〉の世界である。〈個〉の〈実存〉の次元にその根拠を据えつけた思想は、〈文学〉にその表現を求めるほかはない、と考えるからである。だから、ぼくは、この評論集『ポストナショナリズムの精神』を、〈文芸評論〉への過程にある過渡的な書物、と位置づけたいと思うのだ。

〈表現〉への航行　ぼくはどうして『ポストナショナリズムの精神』を書いたのか(3)

己れの両義的なアイデンティティにとりつかれたぼくにとって、積極的に選びとれる表現は〈文芸評論〉と呼ぶべきであり、それは、異言語(外国語)ではなく、母語である日本語によってしか書きえない「探究的な文章」なのである。

〈文芸評論〉という場所に賭けて

思えば、『愛の言語学』(夏目書房、一九九五年七月)の「あとがき」に、ぼくはこうも書き記していた。

言語学者たちは、ぼくの書くものがあまりに「文学的」ないしは「哲学的」だと感じるだろう。また、文学者や哲学者たちは、逆にあまりに「言語学的」だと感じるだろう。(…)

しかしながら、ぼくがなにかを考え、書くことができるとすれば、それは、このような両義的な場にとどまることによってでしかない。

この力のこもった宣言調の裏面に、愁いの感情の存在しなかったわけではない。ぼくは、いまこれを書いている今日この日まで、自分の書くものがさまざまな方面から疎外されていること、どこにも固有の居場所を確保できないでいることに苦しみと哀しみを感じ続けてきた。文章のジャンルについては、これは論文なのか、それとも評論なのか、と問われる。分野としては、言語学なのか、それとも文学なのか、哲学なのか、と尋ねられる。本質的には、そもそも、学問なのか、思想なのか、と問い詰められる――。いや、このような問いを反芻してきたのは、ほかならぬぼく自身であり、他人にとっては、そんなことはどうでもよい問題だったのかもしれない。だが、このような果てしのない法廷に立たされ続けてきたのも、自己の意識が他者のそれを反映しているからには違いない。それは、〈表現者〉としてのぼくが決して逃れることのできない存在証明（アイデンティティ）の問いだったのである。

それにしても、ぼくが引き受けてきた「両義性」とは、両義的であることが己れにとって美点であると誇れるようなものでは決してなく、両極のどちら側からも、それは違う、おまえはわれわれの仲間ではない、おまえは向こう側の住民だろう、と押し返され続けてきた、と言ったほうが実態に近い。何のことはない、おまえはイソップの「コウモリ」にほかならないではないか、と言われれば、返す言葉もない。その指摘がいかに正確であろうとも、それを言う人が「コウモリ」の存在意義にも、「コウモリ」の孤愁にも思いを致すことなどまずないからである。

このようなことを思い悩んでときに、桶谷秀昭が、一九六七年に刊行された『土着と情況』という評論集の初版の「跋」に、すでに次のように書いているのに出逢った。

批評とは何か？　おまえの書くものは果して批評文なのか？　直接に答えることはわたしにできない。また必要ともおもっていない。ただ、このような問いを敢えておのれに発するのは、この書物が、世の通念からすれば、文芸評論集とか作家論集とかいうものとはいくらか異なり、また、思想論集ともちがっているとおもえるからである。それらのどのはんちゅうに入らないとしても、べつにかまわない。世の通念の批評の作法にかなっていなくとも、じぶんの精神の作法にふさわしい批評様式であればいい。それいがいに、書く意味をみいだすことができない。べつのいい方をすれば、おのれの精神形成の意味を問うことが、わたしの全批評のモチーフである。

（『増補版　土着と情況』、国文社、一九六九年八月）

ここには、『愛の言語学』の「あとがき」と同種の、孤愁から絞り出された言葉、それでいて、その苦悩の一歩先に踏み抜けた者の言葉がある。当時まだ三〇代半ばの桶谷秀昭は、いくぶんの気負いを見せていないとは言えない。しかし、彼のこの言葉は、ぼくの背中をそっと押し出してくれるような気がした。あるいは、この桶谷の言葉が受容できる直前の地点まで、ぼくの心はたどり着いていたのかもしれない。いずれにしても、「両義性」の苦しみを背負い続けるのは、もうやめにしてもよいのではないか、とぼくが思うようになったことだけは確かである。桶谷は、自分の書くものが「文芸評論」なのか、「作家論」なのか、「思想論」なのかはわからないけれど、それが〈批評〉という型の言説に属することだけは疑っていない。それに対して、ぼくは、当時の桶谷のさらに一歩手前の段階に立って、自分の書くものをいま〈文芸評論〉、と呼んでみることとする。そこで、この書物〔『ポストナショナリズムの精神』〕も〈評論集〉として構想し、そのような形式で出版される運びになったのである。

だが、単に〈評論〉と言わないで、あえて〈文芸〉と冠するのはなぜなのか。それは、世に存在する種々の「評論家」たち、たとえば政治評論家、経済評論家、教育評論家、等々の言説との差別化をはかるには、そうとでも呼ぶしかないからだ。これら種々の「評論」は、政治、経済、教育、軍事など、個々の特定分野の専門的知識を一般大衆に向けて、啓蒙的に伝達することによって成立している、と言えそうである。ところが、〈文芸評論〉は、そういう知識・情報の伝達に主眼を置いているわけではない。〈文芸評論〉は、いわゆる「評論」ではない、と言うことさえできる。つまり、〈文芸評論〉とは、世界に存在するさまざまな対象のなかから、文芸（文学）という特定の対象を取り出して論じた文章というよりは、それ自体が文芸作品として書かれた文章、という意味合いのほうがむしろ勝っているように思われるのだ。要するに、北村透谷、芥川龍之介、横光利一、保田與重郎、立原正秋といった文学者とその作品を論じているから〈文芸評論〉と呼ばれるのではなくて、論及の対象がマルクスであれ、フロイトであれ、ハイデガーであれ、ソシュールであれ、ロラン・バルトであれ、何であれ、「文章がすべて」(桶谷秀昭『改訂版 近代の奈落』、一九八四年一月)であるような評論、文章そのものの力で読ませる文章が〈文芸評論〉と呼ばれるのではないだろうか。要するに、〈文芸評論〉とは、〈表現〉としての自覚なしには書かれえない散文にほかならない。この意味で、〈文芸評論〉が〈小説〉のかたわらに位置づけられる〈作品〉の一ジャンルであることは、言うまでもない。

ところで、〈文芸評論〉と呼ぶようになったからと言って、ぼくの書くものがいまから抜本的な変容をこうむる、というわけではない。ぼくがこれから書く文章も、これまで書いてきた文章も、論及している対象が何であれ、つねにすでに〈文芸評論〉だった、とここに断言してもよい。もし神が存在するならば、そんなことは、最初から見透されていたに違いない。ただ当人だけが、そのことに気づかずに、一人忸怩たる想いに悩まされ続けていただけだったのである。

ぼくは、自分の書いた文章を押し返すことなく、興味の赴くままに読んでくれる人びとが棲まっているのは、創作から批評、研究までふくめて、広い意味での〈文学〉、あるいは〈文芸〉の世界に違いない、といま賭けているのである。

実存と構造の狭間に墜ちて

もちろん、〈文芸評論〉のプロトタイプは、右に挙げたような文学者とその作品を論じる文章のことであるのは、ぼくも了解していないわけではない。〈文芸評論〉は、一方では、狭義の〈文学〉の世界を超え出て、隣接する言語、思想、芸術はもちろんのこと、政治／経済／社会／文化／自然と大きく分節されている人間の活動・認識領域の全体を対象として捉えてゆく傾きをもつと同時に、他方では、自身の拠点である狭義の〈文学〉の世界には繰り返し立ち戻ってくるものであろう。たとえば、先に名を引いた桶谷秀昭と梶木剛もふくめて、吉本隆明、柄谷行人、菅孝行、松本健一、竹田青嗣、富岡幸一郎など、現在、わが国で〈文芸評論家〉として活躍している人たちの著作目録を点検してみれば、彼らの仕事の求心性と遠心性のバランスがおのずと明らかになるに違いない。

ぼくの場合、言語論・記号論とのかかわりのなかで、否応なしに〈文学〉、すなわち文学理論や小説作品に言及する機会はこれまでも少なくなかったし、〈誘惑論〉のモチーフそのものが〈文学〉に発していることは、ぼくの旧著の読者には明々白々な事実だと思われる。だからといって、ぼくは、狭義の〈文芸評論〉、すなわち文学論、作家論、作品論などをこれまで発表してきたわけでは、もちろんない。つまり、ぼくの評論作品の「モチーフ」は本質的に文学的であったのだが、「題材」――対象や主題――は言語学や記号論にあったのだ。ここで、「文学的」を「実存主義的」、「言語学や記号論」を「構造主義的」と言いかえてもかまわない。ぼく自身の「モチーフ」に反して、他者の眼には後者のみが、たとえばソシュールや構造主義という対象ばかりが印象として映っていたのであり、そこにこそ〈表現者〉としてのぼくの不幸の端緒があった、というのが事の真相に違いない。あえて単純化するならば、人は、いわゆる「勉強」や「情報収集」のために、「題材」に応じて書物を選び、読むことがほとんどであり、著者の思想的モチーフにまで理解を届かせることなど少ないのだ。いや、読解以前の問題として、人は、「モチーフ」をもとにして書物――というより、書店に並んでいるものは「書籍」、図書館に所蔵されているものは「図書」と言うべきか――に接近するのではなく、特定の「題材」にかんして、その書物から得られるであろう「情報」を期待して手に取るのである。現に、この本〔『ポストナショナリズムの精神』〕にしたって、そのような求められ方、読まれ方をしていないとは言いきれない。したがって、「モチーフ」と「題材」のあいだに少なからぬズレがあり、そのズレ自体を主題として、その深淵に探究の測鉛を降ろしている著者にとって、すなわち、ぼく個人に即して具体的に言い直せば、「言語学」という形式化の進んだ科学に人間の言語が本来宿していた〈実存性〉を恢復させようという目論見（モチーフ）をもって仕事をしてきた著者にとっては、「題材」に対する関心ではなく、自分の「モチーフ」そのものに共感しうる読者と出逢うことは、きわめて困難であり、不可能にさえ近いことなのである。

　しかし、ここであえて明かすならば、ぼくは、ソシュール論を発表する以前、二〇代の前半には、サルトル『嘔吐』論や三島由紀夫『金閣寺』論といった、それぞれ一冊の書物にも相当するような長大な習作をひそかに書いていたのだった。それは、記号論的な方法を用いてはいたものの、狭義の〈文芸評論〉に分類するほかはない文章だった。ところが、それ以後のぼくは、かつてそうした文章を書いたことなど忘れ果てて、パリに留学し、言語思想の探究に熱中するあまり、今日までそれを発掘しようとは考えもしなかったのである。

だから、ぼくは、いま、初めて〈文学〉を始めようとしているのではなく、いわば自分の原郷に立ち帰ろうとしているだけのことなのだ。それは、新たな開始ではなく、久方ぶりの再開であり、長い不在の後の帰還、とでも言うべきものにすぎないのである。

文章観の変容を生きて

この〈文学〉への転身という選択とおそらく無関係ではなく、それを裏面から支えているのは、ぼくの文章観の変化、つまり自分の書く文章に対する考え方が根本的に変化した、という事態であるように思われる。

以前のぼくは、ぼくにとって母語(langue maternelle)にほかならぬ日本語というラングでしか表現できないような微妙な思考、曖昧な部分をたくさんふくみ込んだ表現によってのみ成り立つような思考は、いわば〈ローカル〉な思考として、自分の文章から徹底的に締め出そうと意識的に努めていた。言いかえれば、たとえ日本語で書くときでも、自分がある程度マスターしえた異言語(langue étrangère)であるフランス語で自分が表現できることしか表現するまい、という方針を堅く守っていた、ということだ(思い起こせば、ここには清水幾太郎の『論文の書き方』の根深い影響があったのかもしれない)。

これは、フランス語を「普遍性」と想定して、日本語という「特殊性」を排除する、という意味ではない。日本語が〈ローカル〉であるならば、フランス語もまたもう一つの〈ローカル〉であることには変わりがない。ただ、フランス語の母語話者でないぼくには、フランス語でしか表現できないような〈ローカル〉な思考を駆使することなどはできず、異言語の話者として最低限許される範囲内での、せいぜい「論理的」で「明晰」な表現を心がけることしかできないのである。そもそも、母語においても異言語の型に合わせて思考する癖をつけておかなければ、異言語などとうてい話せるようになるものではない。母語にのみ依存した思考に拘泥しているかぎり、人は異言語を話すことなどできるものではないのだ。そこには、ある種の断念と跳躍が必要とされる。そこで、ぼくは、異言語の不自由な話者としてフランス語を書いているときと同様の不自由さをもって、明晰な日本語だけを書こう、とつねに心がけていたのである。ぼくの書いたものや、ぼくの語ったことが明晰で、わかりやすい、と言われることがこれまで多かったのは、このようなぼくの意識的な方針に由来するのではないか、と思われるのだ。

しかし、このようなぼくのエクリチュールの原則は、おそらく四〇歳という自分の言語能力の発展にほとんど期待をいだきようのない年齢に達することによって、根本的な変容を強いられたかのようである。実は、その直前まで、ぼくは、フランス語だけでは満足できないと思い、自分の英語力を少しでも向上させて、いつか英語でものを書き、発表しようという野望に駆られて、かなり焦っていたのである。昨年、一九九八年の夏にアイルランドのダブリンに行って、短期間ではあれ英語の講習会に参加してきたのは、その必死の顕れである。しかし、その努力も長くは続かなかった。自分の書こうとしている文章が、すでに行なった研究の報告としての「論文」ではなく、探究の実質が文章そのものにあるという本質的な事実に思い到ったからである。探究がまず存在して、それを伝える文章があるのではない。探究は、文章自体の探究にほかならない。研究報告や私的な手紙なら、英語でもある程度は書きこなせるようになるかもしれないが、探究的な文章を書くことは、青春の時間の大半を捧げ、現地でも生活して身につけたフランス語でさえ、本当のところは無理なのである。

ならば、異言語でものを書き、発表するという不可能な夢は断念しても、ぼくに残された後半生に向けて、自分の自由になる言語のなかへもっと深く入り込んで、それに磨きをかけたほうがよいのではないか。すなわち、日本語というラングのなかへと——。そう思って、新しい眼で日本語を、というよりも文学者たちの書く日本語の文章を読み直してみると、そこには人間の経験の、何と限りなく多彩な陰翳が描きとられていることだろう。その豊かさと美しさには、眼を瞠るばかりである。

しかしながら、本書(『ポストナショナリズムの精神』)に収めた評論作品は、執筆時期との関係で、基本的にはぼくの旧い文章観、つまり禁欲的な日本語のエクリチュールにもとづいて書かれている、と言えるかと思う。ただし、これらは、ぼくの文章観が変化しつつある過程で書かれたり、文章観の変更以後に手を加えられたりしているために、ここにできあがってきたものは、いわば新旧混淆のハイブリッドな文体、といったところだろうか。自分としては、文章の変化の予兆は、外面的には、語彙が増えて、表現の幅がほんの少し増幅したこと、平仮名に対する漢字の含有率が高まったこと、のなかに認められるように感知している。もっとも、フランス語の勉強を始めたのはすでに二〇年ほど前であり、当時からごく最近にいたるまで自分を縛りつけてきた書き方の原則を払い棄てて、日本語というラングの豊饒に対して開かれた態度を取り始めてからの月日はきわめて浅いのであってみれば、長年にわたって身体化された表現法が、そう短期間に駆逐されてしまうことなどありえない。この点で、ぼくは、しばらくは変化の過程を踏んでゆかなくてはならないのだろう。

それにしても、異言語ではなく、母語によってしか書きえない「探究的な文章」、などと迂遠な言い方で考えていたものが、要するに、一言で表現すれば〈文芸評論〉ではないか、と思い到るまでには、ずいぶんと時間がかかったものである。

〈表現〉への航行　ぼくはどうして『ポストナショナリズムの精神』を書いたのか（4）

己れを〈表現者〉と規定する人間にとって、集団人の支配する組織の歯車と化され、〈生活者〉に転落することは、実質的な死を意味しないではいないのだ。

憂愁をくぐり抜けて

ところで、共著等を別にして、単独で書いた評論集としては、前著の『愛の言語学』（夏目書房、一九九五年七月）から本書『ポストナショナリズムの精神』（現代書館、二〇〇〇年三月）を出すまでに、ぼくは四年余の時間を必要とした。

英語で書かれた文献を中心に、アイリッシュ・スタディーズ、カルチュラル・スタディーズ、ポストコロニアル・スタディーズ、政治思想史、社会思想史など、それまでのぼくにとってまったく未知の世界が続々と視界に拓けてきて、興味を惹く書物たちに眼を通し、基礎的な視角を手に入れるだけでもかなりの時間を要したことは確かである。しかし、ぼくにとって、こうした基礎勉強は、ものを考え、ものを書くための材料にすぎず、材料の獲得自体が知的活動の目的になっているわけではない。知識の有無や精粗について、ぼくはいわゆる学者・研究者のような厳しい要求水準を自分に課してはいないつもりである。

にもかかわらず、この程度の小著をまとめるのに四年余りもかかったというのは、自分の能力の容量に拠るところもあるのかもしれないが、より根本的には、この二、三年のあいだ、勤務する大学・学部の、研究とも教育とも隔絶した、「会社的」と形容するしかない管理体制に包囲され、立川健二という個人としてではなく、組織の〈歯車〉として機能することを強制され続けた生活によるもの、と考えざるをえない。この「大学」とは名ばかりの騒然とした環境に神経を消耗し尽くし、心身の底に疲労が降りつもり、ぼくは、健康を著しく損なってしまった。実際に、心身の調子をすっかり狂わされてしまったぼくは、従来からいささかの情熱を注いできた教育の義務をも放り出して、半年間にも及ぶ自宅療養を余儀なくされたのである。

すでに一三年前のことになるが、三〇歳になる前に『《力》の思想家ソシュール』(水声社、一九八六年一二月)という長篇評論を書き下ろしたぼくには、知的な意味でその程度の能力が自分から失なわれているとは思えない。しかし、現在のぼくには、ご覧のような短篇集をまとめるのが精一杯のところなのだ。かつて有していた力を現在も潜在的にはとどめているはずだ、と言い張ったとしても、それは過度の自画自賛とは言えないだろう。この評論集は措くとしても、より以上に心苦しく感じているのは、できるだけ早く刊行することを出版社も、ぼく自身も望んでいる二、三の翻訳の仕事が、遅々として進まないことである。これはどう考えても、ぼくの知的能力の退化に由来するものではなく、〈管理社会〉の強烈な朔風に吹きまくられ、「車輪の下」に押し潰された挙げ句の果ての、根深い消耗によるものだ、と考えるほかはない。

世間では、筒井康隆の大学パロディ小説『文学部只野教授』が爆発的に読まれた一〇年ほど前から、すでに大学の脱神話化が進んでいるとは思うが、あれから一〇年の歳月が流れ、現実の大学は、いまや地を這うほどだ、ということもこの際言っておきたいことの一つである。学問研究をするために大学に職を得たはずの人間たちが、学問以外のありとあらゆる「雑用」に自分のすべてを捧げているという、この荒唐無稽な風景こそが現在の少なからぬ大学を覆い尽くしているのである。大学の教師たちは、もはや「世間知らずの学者」でもなければ、「無能な教育者」ですらなく、大学の土台を支えている事務職員と変わるところは、事務職員のほうがよほど学問と学者に対する敬意をいだいている、ということくらいだろうか。こんな莫迦げた逆説が世の中にはあるのだ。「硬直したアカデミズムとの闘争」というぼくが若い頃に設定した目標など、問題にもならない。かつてぼくの敵だったはずの「アカデミズム」を、論文よりも評論作品を書くことを志向している、このぼく自身が体現し、支えざるをえないのだから。

良くも悪くも「学者の共同体」だと信じて職を得たはずの大学が、ふと周りを見廻すと、「社畜」たちの跋扈する「会社組織」に変わり果てていた。こんな不条理な光景が脳裏の暗幕に明滅し始め、いくら眼をこすってもそのグロテスクな映像が消えなくなったとき、ぼくはついに起き上がることができなくなった。身体は、石塊のように重く、疼いていた。ぼくは、講義に出かけるのに必要な最低限の気力と体力さえ奪われ尽くしていたのである。

こうして、近年の足どりを私小説風に書き連ねてみたのは、自分の怠惰に対する言い訳をしたいためでは毛頭なく、むしろ、長い憂鬱な病いをくぐり抜けて、自著の跋を執筆するまでに快復しえた幸運を、感慨を込めて噛みしめてみたかったからにすぎない。無防備な一個の〈個〉として、〈管理社会〉の風圧に曝され続け、神経の芯が摩耗しそうになりながらも、よくここまで立ち直ったものだ、というのがぼくの率直な実感なのである。

そういう意味では、本書(『ポストナショナリズムの精神』)で展開してきた近代の国民国家(ネイション・ステイト)とナショナリズムに対する批判の営為は、知的な水準で追究されるだけでなく、卑近と言ってもよい、日々のリアリティの水準のなかへと突き戻される必要がある、というのがぼくの確信である。そもそも、『誘惑論』や『愛の言語学』の著者として存在してきたぼくが、これらとは一見断絶した主題をもつ『ポストナショナリズムの精神』という本を世に産み出すことになったのは、一人ひとりの固有名詞的存在との誘惑的交流(=交通)を絶えず生きようとしてきたぼくが、その後、社会の片隅のなかで、〈組織の論理〉との小さな抵抗と闘争を強いられるようになったという、昨今のぼくの日常的な悪戦苦闘と決して無関連ではないのである。〈個〉を押し潰す暴力的な環境は、ファシズム、スターリニズム、コロニアリズムといった特殊な国家体制だけに見られるのではなく、ごく普通の職場や集団でも支配的であることに気がついてみれば、ぼくたちは、そうした〈組織の論理〉に対抗すべく、〈個〉というギリギリの地点に拠って立つ〈精神〉を素手で構築してゆく努力を積み重ねてゆくほかはないのである。

本書〔『ポストナショナリズムの精神』〕は、ぼくの、そうした病いと憂愁の淵のなかで書き継がれてきた、ささやかな闘争の記録である。

ただし、その孤立無援の闘争は、いかなる〈個人〉に対しても向けられたことはないし、将来も向けられることはないだろう。一人ひとりの固有名詞と、フェイス・トゥー・フェイス(face-à-face)で向かい合うとき、そこには必ずや「人間的」と呼んでよい感情や関係の片鱗が現われてこないことはない。ところが、彼女や彼が〈個〉としてではなく、民族であれ、国家であれ、ジェンダーであれ、企業であれ、何であれ、〈機械の部品〉として立ち現われることに固執するならば、まったく別の、錯綜とした、理不尽な運動が開始されてゆく。だから、ぼくが憎悪するのは、個々の人間ではなく、個々の人間から構成されているにもかかわらず、彼らには還元し尽くすことのできない《何か》、対象を個々の要素に分けてゆく分析的な視線を逃れ去ってしまうあの逆説的な〈全体〉、あえて名指すならば〈集団〉、〈組織〉、〈擬似共同体〉とでも呼ぶほかはない、醜悪なる人間的現実、マスとしての人間集団にほかならないのだ。

何らかの〈機械〉を体現し、〈機械〉の構成部分としての現前を押しつけてくるだけの個人、いわば

〈歯車〉としてしか作動しない——もはや〈個人〉とは言えないが——個人を、人間の神経は耐えることができない。耐えているつもりでも、いつの間にか蝕まれ、病いに倒れる。彼らの肩に背負われた誠意も、責任も、ただ〈機械〉のほうだけを向き、〈実存〉の孤独相を覆い隠したものでしかない以上、ぼくは拒否せざるをえない。ぼくは、自らの〈個＝孤〉を顕わに曝け出した人間に出逢いたい。

〈表現者〉としての死を超えて

自らを〈表現者〉と規定する人間にとって、さまざまな理由から〈表現〉の停止を余儀なくされることとは、死に追いやられたと等しい状態である。つまり、沈黙を強いられた状態とは、いくら〈生活者〉として生命を維持していたとしても、〈表現者〉としては死亡したのも同然なのである。

自分も〈書くこと〉にこそ生きる意味を見いだしている人間の一人であってみれば、ぼくがこの二、三年にわたって経験した苦痛の根源は、〈組織〉という匿名性の暴力によって〈個〉としての表現を奪われつつあり、このままでは〈表現者〉としては死に追いやられることが間近に迫っている、という事態に対する恐怖感が心身の底から突き上げてきて、それに対抗するためであろう、痛切と形容するしかない焦燥感に駆り立てられたことだった、という気がしている。それでも、ぼくが〈書くこと〉から完全に離れてしまうことなく、喘ぎ、倒れながらも辛うじて走り続け、いま〈表現者〉として再び起ち上がろうとするところまで来れたのは、僥倖と言うほかはない。

ところで、「生涯現役」というありふれた言葉を耳にしても、最近まで、年老いても元気に仕事を続けて、ある日急に逝く、といった表層の意味でしか理解していなかった。ぼくは、この言葉によって人が意味しうる〈生〉の切実さまでは、理解を届かせてはいなかったのである。

そういえば、還暦を過ぎるまで現役を貫いた一人の偉大な格闘家(ジャイアント馬場)が、今年、一九九九年の正月、引退することなくこの世を去り、昔から彼の軌跡を追ってきたぼくも、悲しい衝撃に襲われないではいなかった。彼の死が大きく報じられてから数週間が過ぎた頃だったと思うが、ある場所で古い雑誌を手に取ると、たまたま生前の彼のインタヴュー記事が載っていて、眼を瞠った。そのなかで、「いつまで現役を続けるのか」という記者の質問に対して、彼は、「引退するのは、俺の死ぬときだ」、と答えていた。

そのとき、いまから半年前には何気なく読み流していた「引退するのは、俺の死ぬときだ」、という彼の言葉の意味が、いまになって痛切に迫ってくる。それは、ぼくにとっては、言葉の意味が転倒する、というリアルな体験としてある。つまり、「生涯現役」という言葉には、年を取っても元気に働いている、というような楽天的な理解とは正反対に、むしろ悲愴なまでの〈表現〉への意志が込められていたのではないか。言いかえれば、その言葉には、〈表現〉のために〈生活〉を犠牲にすることはあれ、〈生活〉のために〈表現〉を犠牲にすることなど、自分は絶対にしない、という拒絶の意志が込められていたのだ。そこには、〈表現〉以外の場に自分の生きる意味を見いだすこと、〈表現〉の舞台に立つ存在から〈生活〉の平面に転落すること――そのようなごく自然な行程を拒絶する、純粋な選択がある。それは、いつまでも華やかな光を浴び続けたい、というような世俗的な欲望とは異質である。なぜなら、たとえ、年月とともに己れの〈表現〉がそれ自体かつての耀きを失ない、他者たちの嘲笑に晒されることになったとしても、それでも、自分は最期まで〈表現〉を選び続ける、その結果、自らの〈生活〉が時期尚早に途絶えたとしても、それはそれでよいのだ、というのだから。

要するに、この一個の格闘家の死からぼくが受けとったのは、〈表現者〉とは、このような悲愴かつ純粋な意志に貫かれた人間のことだったのだ、という痛切な認識にほかならない。これが単なるアナロジーと言えないのは、格闘技も、ことに彼の格闘技のスタイルは、勝敗や記録ではなく、不特定の他者たちに向けた〈表現〉であることを信条としていたからである。

格闘技が〈表現〉であるならば、書くこともまた〈表現〉であることは、あらためて言うまでもない。どんな文章にもある程度の表現性がふくまれているなどという、当たり前のことをここで述べても、何の意味もない。理論(言語論)としてはそうに違いないが、ここで問題なのは理論ではなく、〈思想〉である。いや、正確に言うならば、〈精神〉である。ぼくが言いたいのは、〈表現〉の純度の高い文章、すなわち〈作品〉のこと以外ではない。

〈表現〉を失なったときは、ぼくという〈個〉の生命が果てる時ではないか、という漠然とした予感がある。

いつかわからぬその生死の臨界点に拉致されるまで、ぼくは、細々とではあれ、〈作品〉を書き継いでゆきたい、と願っている。

（湘南・藤沢にて、一九九九年六月から七月にかけて）

追記

「〈表現〉への航行」（2）から（4）で述べた〈文芸評論〉のことを、現在のぼくは、〈思想評論〉と呼ぶことにしている。

両者が意味することはほぼ同じだが、文芸評壇にもいささか排除的な姿勢があるとすれば、ぼくは、それとは異なる〈思想評論〉という言い方でも案出するしかなかったのである。要するに、ぼくが言いたいのは、〈作品〉とか〈表現〉とか呼ぶことのできる文章のことである。

（彩の国〈熊谷〉にて、二〇〇一年四月記）

Ⅲ　民族、言語、宗教、国家

「ユダヤ人国家」の彼方へ　ユダヤ人／ユダヤ教徒をめぐる言語論的考察

1　「ユダヤ人」とは何か

フランス語の「ジュイフ(juif)」、英語の「ジュー(Jew)」や「ジューイッシュ・パーソン(Jewish person)」を「ユダヤ人」と訳すべきなのか、それとも「ユダヤ教徒」と訳すべきなのか、という問いは、単なる訳語の選択の問題などではない。それは、古代から現代にいたる歴史過程のなかで、彼らがギリシャ人、アラブ人、モンゴル人、トルコ人などと同様に〈民族集団〉をなしてきたのか、それとも、キリスト教徒、イスラーム教徒、仏教徒などと同様に〈信徒集団〉をなしてきたのかを明らかにすることだからである。

『旧約聖書』が描き出している古代イスラエルの民を「ユダヤ人」と呼ぶことには、何の問題もないだろう。むしろ、本来の意味での「ユダヤ人」とは、この古代イスラエルの民を指し示すのに限定すべきである、とわたしは考える。

ただし、厳密には、古代イスラエルの民は、最初から「ユダヤ人」と呼ばれていたわけではない。古代イスラエルの民は、隣接する大国、エジプトで奴隷にされて塗炭の苦しみをなめていたが、預言者、モーセに率いられてエジプトを脱出し、カナンの地に帰還する。その後、イスラエルの民は王国を建設し、ダビデ王(紀元前一〇〇〇年頃)のもとで栄えたが、やがて北のイスラエル王国と南のユダ王国に分裂した。その後、紀元前八世紀末に北のイスラエル王国がメソポタミアから進出したアッシリアによって滅ぼされる。残されたユダ王国も、紀元前六世紀はじめにバビロニアによって滅ぼされ、生き残った人びとの多くはバビロニアに強制移住させられた。いわゆる「バビロン捕囚」である。北のイスラエル王国から南のユダ王国に亡命した人びとも少数はいたらしいが、生き残ったのは、主としてこのバビロン捕囚を生き延びた「ユダ」の人びとの子孫であったために、『旧約聖書』に描かれた古代イスラエルの民の末裔たちは、やがて「ユダヤ人」と呼ばれるようになったのである(以上にかんしては、山我哲雄『キリスト教入門』、岩波ジュニア新書、二〇一四年一二月、六一七頁を参照)。

古代ユダヤ人は、唯一神ヤハウェを信仰し、セム語族に属するヘブライ語(厳密には聖書ヘブライ語)を話していた。したがって、本来の意味でのユダヤ人とは、〈信徒共同体〉であると同時に、〈言語共同体〉でもあったのである。

この本来の意味でのユダヤ人たちを「ユダヤ民族」と呼んでもよいのだが、この場合の「民族」は、近代的な意味での「民族」とは異質であると言わなければならない。近代的な意味での「民族」とは、フランス語のナシオン(nation)や英語のネイション(nation)の訳語であるが、近代的な「民族」概念が誕生したのは一九世紀になってからであり、しかも一般化するのは世紀末になってからにすぎない。とはいえ、近代以前にも、人間は集団を作って生活していたので、「○○人」とか、「○○民族」とか、「○○族」とかいった集団が存在しなかったわけではないし、むしろ、世界史を紐解けば、フン族であれ、ゲルマン民族であれ、この種の表現であふれている。しかしながら、そうした集団のなかで生きていた人びとが、近代的な意味での「民族(ネイション)」のように、その集団に帰属意識を有していたか、その集団を根拠として自らのアイデンティティを定義していたかどうかは、不明である。したがって、『旧約聖書』に描かれている古代イスラエルの民を「ユダヤ民族」と呼んだとしても、それは、近代的な意味での民族(ネイション)とは異質なのである。のちに見るように、近代的な意味での「ユダヤ民族」は、一九世紀末にシオニストと呼ばれる人びとによって創り出されることになるだろう。

　古代、中世、初期近代(近世)の人びとがどのような帰属意識やアイデンティティをもっていたかはよくわからないので、現代の歴史学者は、そうした時代の人間集団を分類するために、客観的な基準を用いる必要がある。もっとも一般的に用いられている基準は、同じ言語を話す人びとの集団を一つの民族集団と見なすことである。ソシュール(Ferdinand de Saussure, 1857-1913)も述べていたように、〈言語共同体〉という基準によって民族集団を定義するのがもっとも確実な方法なのである(立川健二『言語の復権のために――ソシュール、イェルムスレウ、ザメンホフ』、論創社、二〇二〇年二月所収、「愛の言語思想家、ザメンホフ――言語差別を超えて」を参照)。近代的な意味での「民族(ネイション)」と近代以前の民族集団を用語で区別したいならば、フランス語の「エトニー(ethnie)」や英語の「エスニック・グループ(ethnic group)」のような学術用語を使うほかはない。残念ながら、日本語には「民族」以外には誰にでも通じる言葉が存在しない。いずれにせよ、言語による分類が、人間集団の分類にかなりの程度有効であることは確かである。しかしながら、後藤明が指摘するように、《言語による分類は、あくまで現在の学者の基準による分類で、昔の人がそのような分類で人々を認識していたわけではない》のである(後藤明『ビジュアル版 イスラーム歴史物語』、講談社、二〇〇一年一一月:『イスラーム世界史』、角川ソフィア文庫、二〇一七年九月、三五頁)。単純化していうならば、任意の個人が、現代の歴史学者が「〇〇民族」と呼んでいる集団に帰属しているという意識をもっていたという保証はないし、他の集団を「△△民族」と認識していた保証もないのである。

ところが、紀元後一世紀のイエスの時代になると、ユダヤ人はもはや言語共同体としての性格を失なうに到る。イエスや彼の弟子たちは、ユダヤ人本来の言語であり、『旧約聖書』の執筆言語である聖書ヘブライ語ではなく、同じセム語族には属するが、アラム語という別の言語の話者になっていた。アラム語は、当時、シルクロードの国際語として広域で通用していた。しかし、問題はそこにはない。ユダヤの地からエジプトのアレクサンドリアなど、西方に移住したユダヤ人たちは、地中海世界のリンガ・フランカ(共通語)であるギリシャ語(印欧語族に属する)を使うようになっていたのだ。当時、地中海世界全域はローマ帝国の支配下にあったのだが、そこでのリンガ・フランカはローマ人のラテン語ではなく、ギリシャ語だったのである。ラテン語が普及したのは、文明の遅れていたヨーロッパ方面であった。ユダヤ教を母胎として生まれ出たキリスト教の正典『新約聖書』が、ヘブライ語でもアラム語ではなく、ギリシャ語で執筆されることになるのは、伝道の対象をローマ帝国の版図全体に見据えていたからにほかならない（加藤隆『新約聖書はなぜギリシア語で書かれたか』、大修館書店、一九九九年四月を参照）。

わたしたちは、ヨーロッパの歴史にかんして、古代ギリシャ人の時代が終わって、ローマ帝国の時代になり、その後、西ローマ帝国が崩壊して、ゲルマン民族の時代になった――というような、単純化した図式で理解している場合が多い。ところが、言語に注目して見ると、ギリシャ語のヘゲモニーは、ヘレニズムの時代が終わり、ローマ帝国の時代になっても続いていたし、さらに、西ローマ帝国が滅亡してからも続いていたのである。

イスラーム史学者の後藤明は、次のように書いている。

ローマ人の言葉をラテン語といいますが、帝国の東方ではギリシア語が依然として共通語でした。ローマ帝国は言語の面では、ギリシア語を共通語とする東方と、ラテン語を共通語とする西方の、二つの世界から構成されていたのです。

ローマ帝国の政治的中心は、発祥の地であるイタリアの都市ローマにありました。しかし、経済的、文化的な中心は東方にあったのです。三世紀になると帝国の政治力が衰えていき、軍人たちが勝手に皇帝を推戴するようになり、クーデタが相次ぎます。そうなると、経済的には辺境であるローマで政治をあずかることは難しくなります。経済的・文化的中心である東方が、政治的にも中心にならざるを得ません。三世紀の末には、ときの皇帝は帝国を、東の正帝と副帝、西の正帝と副帝の四人の皇帝でおさめる体制を整え、自らは、東の正帝として最高位の皇帝となります。そして、次の皇帝のコンスタンティヌスは三三〇年に、首都をコンスタンティノープル（今日のイスタンブル）に遷してしまいました。帝国発祥の地ローマは、もはや帝国の政治的な中心ではなくなりました。帝国は、ギリシア語世界を、名実ともに継承したのです。ギリシア語世界とは、その前のペルシア帝国の継承者で、ペルシア帝国は、前三千年紀以来の中東の都市文明の継承者であったのです。ローマ帝国もまた中東の伝統をしっかりと受け継いだ帝国となりました。

五世紀になると、帝国の西方はゲルマン人の武将などが勝手に皇帝を擁立して、政治的なまとまりを失います。四一〇年、ついで四五五年に、ローマ市はゲルマン人の略奪にあって廃墟となってしまいました。そして四七六年に、実権を握っていたゲルマン人の武将が西の皇帝位を東の皇帝に返上してしまいます。帝国は、名目的には一人の皇帝のもとにまとまったわけですが、帝国の領土のうち現在のフランスなどは実質的には帝国の領域から離れてしまいました。十九世紀のヨーロッパの歴史家は、この事態をローマ帝国の「滅亡」ととらえました。帝国はひきつづいて存在していたわけですから、誤謬に基づく死亡宣言、とでもいえましょう。そして、このあとのローマ帝国を、もうローマ帝国とはよびたくないとして、ビザンツ帝国なる名称をひねり出したのです。

ローマ帝国は、四七六年のあとも繁栄をつづけました。そして七世紀に、イスラームはローマ帝国の重要な領土であるシリア、エジプト、北アフリカを継承します。そののち、長い時間をかけて、イスラーム世界はローマ帝国を飲み込んでいきます。それは、一四五三年にオスマン帝国がコンスタンティノープル（イスフンブル）を征服したときに完了します。イスラーム世界とは、まさしくローマ帝国の継承者でもあるわけです。

（後藤明『ビジュアル版 イスラーム歴史物語』、講談社、二〇〇一年一一月：『イスラーム世界史』、角川ソフィア文庫、二〇一七年九月、四四―四六頁）

地中海世界における言語的へゲモニーは、その後、ギリシャ語からアラビア語に移り、さらにペルシャ語に引き継がれてゆくことになる。

なお、イエスの時代には、ユダヤはローマ帝国の支配下に置かれていたわけだが、そのなかにも、ユダヤ、ガリラヤ、サマリアという三つの地方の区別があった。つまり、「ユダヤ」という語には、広義と狭義が存在したということである。狭義のユダヤ人たちは、イエスとその弟子たちの出身地であるガリラヤやサマリアの人びとを差別していたのであり、『新約聖書』には、イエスがそのような差別と闘い、被差別者たちと積極的に交流し、彼らを解放しようと努力していたさまが描き出されている（河合一充編著『ユダヤ人イエスの福音――ヘブライ的背景から読む』、ミルトス、二〇一二年七月、四四頁を参照）。むろん、イエスが交わり、解放しようと努めたのは、ガリラヤやサマリアの人びとだけではない。当時のユダヤ社会で差別されていた罪人、病者、娼婦、徴税人など、あらゆる被差別者と積極的に交流し、彼らを解放しようと苦闘したのだった。

要するに、紀元後一世紀のイエスの時代には、ユダヤ人とは、古代イスラエルの民の末裔ではあるが、単一の〈言語共同体〉をなしておらず、ユダヤ教を信仰する〈信徒共同体〉としてのみ存在していた。したがって、この段階では、「ユダヤ人」を定義するのは言語ではなく、血統と宗教であって、「ユダヤ人」と「ユダヤ教徒」とは完全に合致していたのである。

2　ハザール王国、「ユダヤ人」のもう一つの起源として

従来、「世界宗教」を自認するキリスト教との対比で、ユダヤ教はユダヤ民族だけの「民族宗教」だと信じられてきたが、これは史実に反している。キリスト教ほど熱心ではなく、相当慎重にではあったが、ユダヤ教も、ユダヤ人＝ユダヤ教徒以外の異民族、異教徒に布教を行なったのであり、異民族、異教徒からユダヤ教に改宗する者も少なくなかったのである（手島勲矢「はしがき――ユダヤ・アイデンティティの歴史的文脈とその交錯」、市川裕／臼杵陽／大塚和夫／手島勲矢編『ユダヤ人と国民国家――「政教分離」を再考する』、岩波書店、二〇〇八年九月を参照）。

そのもっともよく知られる例は、中世のハザール王国である。ハザール王国(ハザール帝国とも)とは、七世紀にトルコ系遊牧民がヴォルガ河・ドン河下流域、北カフカース、クリミア半島、カスピ海沿岸を拠点に建設した国家である。現在でいえば、ウクライナのあたりに版図がある大国であった(一四三頁の地図を参照)。ハザール人の本来の宗教は他のトルコ系遊牧民と同じくシャーマニズムだったと考えられているが、九世紀に、当時広まっていたユダヤ教、キリスト教、イスラームのなかからユダヤ教を国教に採用したことが知られている(高橋正男『物語 イスラエルの歴史――アブラハムから中東戦争まで』、中公新書、二〇〇八年一月、一五四頁)。ハザール王国がユダヤ教を選択したのは、キリスト教国の東ローマ帝国(ビザンツ帝国)およびイスラーム帝国に対抗するためだったと考えられている。なお、ハザールは、アラビア語、ペルシャ語資料にもとづいて英語ではKhazarと表記されるが、日本語では「ハザル」、「ハザリア」、「カザール」などと表記されることがある(以下の引用でも、複数の表記が採用されていることに注意されたい)。

中央ユーラシア史学者の林俊雄は、次のように書いている。

七〜一〇世紀にカスピ海の西北岸にハザル(ハザール)という、言語的にはテュルク(トルコ)系の遊牧国家があった。遊牧以外にたいした産業はなく、交易で財政基盤を支えていた。世界史の教科書にも出てこないような国だが、強大な軍事力を背景に、当時の大国ビザンツとアラブ=カリフ国からは対等の国として一目置かれていた。支配層は途中でユダヤ教に改宗したが、その理由も両大国から均等の距離に身を置くためだったと思われる。この時代になると遊牧国家は交易の重要性を大きく認識して、都市を建設するようになった。しかしその支配者が都にいるのは冬の間だけで、それ以外の季節には周辺の草原で遊牧生活を送っていた。都市にいたのは、主として他国から来た商人であった。その首都には七人の裁判官がいた。その構成は、ユダヤ教、キリスト教、イスラームの裁判官が各二人、さらにそれ以外の異教(ということは遊牧民固有のシャマニズムのようなものか)の宗教の裁判官が一人であった。

この事実に、近代ヨーロッパの歴史家は驚きを隠せなかった。いつも対立しあっている三宗教が、平等に扱われている。それらはもともと根は同じ一神教であるからまだしも、怪しげな宗教の裁判官も一人ではあるがいる(都市には遊牧民は少なかったのであろう)。同じ頃、ヨーロッパはキリスト教一色に塗り固められ、それ以外の宗教は迫害に耐えていた。それに比べると、何と信仰の自由が認められる国であったことか、という感想を彼らは持ったのである。しかしこれは、近代的な意味での宗教の自由という考えから出てきたものではない。交易で成り立っている遊牧国家としては、どんな宗教の商人でも大歓迎、ちゃんと関税を払ってくれれば、安全は保障します、という看板を掲げていたのである。

(林俊雄『スキタイと匈奴 遊牧の文明――興亡の世界史』、講談社、二〇〇七年六月:講談社学術文庫、二〇一七年一月、三五八―三五九頁。〔 〕内の補足は、引用者による。以下同様)

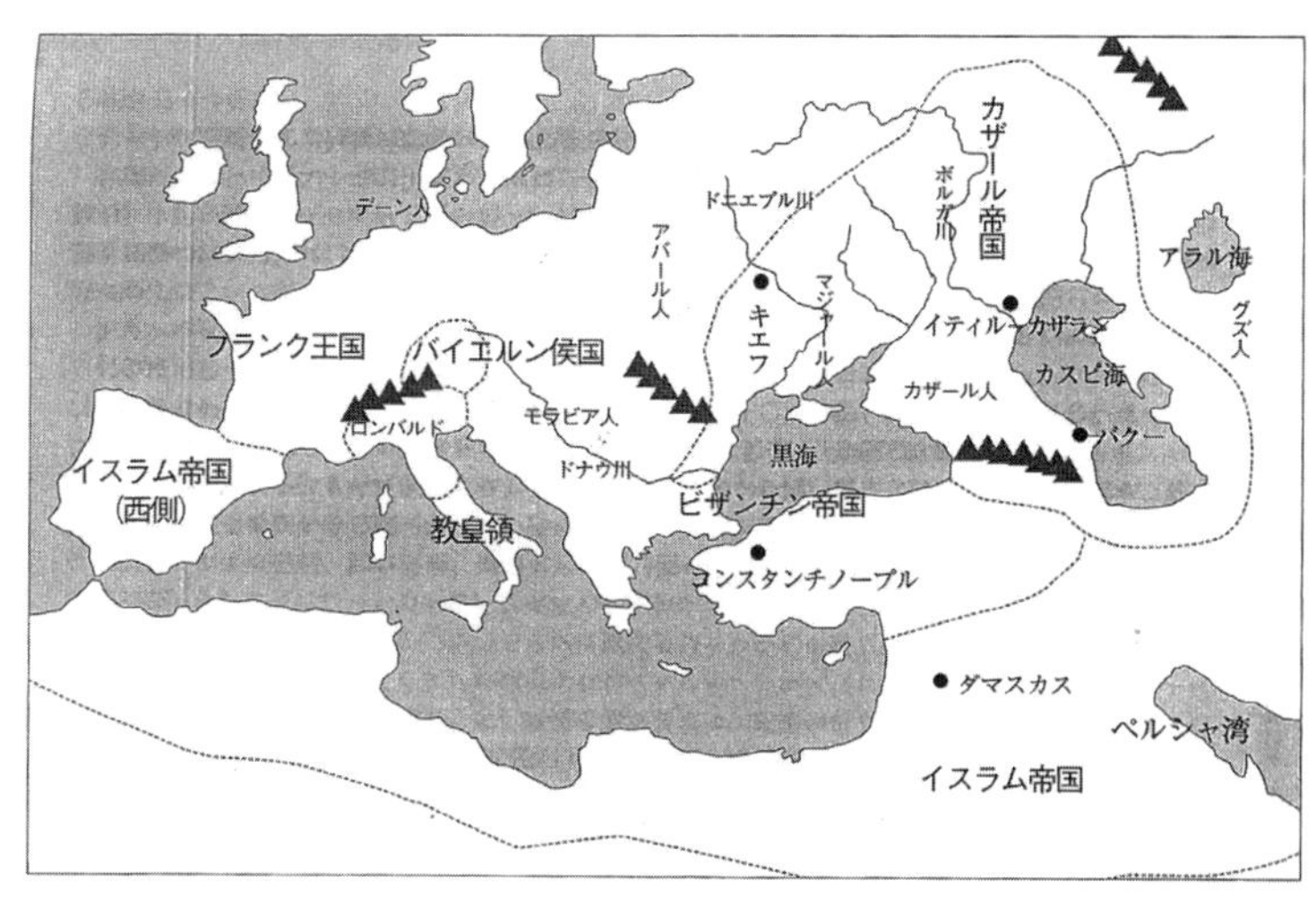

8世紀半ばの三大帝国とゲルマン人（栗本慎一郎『パンツを脱いだサル――ヒトは、どうして生きていくのか』、現代書館、2005年4月、175頁）

ユダヤ系ハンガリー人で英語圏で活躍した作家、アーサー・ケストラー(Arthur Koestler, 1905-1983)は、「アシュケナジーム」と呼ばれるドイツ・東欧系のユダヤ教徒がハザール王国の末裔であるという学説を唱えた(『ユダヤ人とは誰か――第十三支族カザール王国の謎』(原著：一九七六年)、宇野正美訳、三交社、一九九〇年五月)。ケストラーのアシュケナジーム＝ハザール末裔説に対して論者の意見は分かれているが、デーヴィッド・アイク(太田龍／デーヴィッド・アイク『2人だけが知っている世界の秘密』、成甲書房、二〇〇九年一二月)、栗本慎一郎(栗本慎一郎『パンツを脱いだサル――ヒトは、どうして生きていくのか』、現代書館、二〇〇五年四月、同『ゆがめられた地球文明の歴史――「パンツをはいたサル」に起きた世界史の真実』、技術評論社、二〇一二年五月、同『栗本慎一郎の全世界史――経済人類学が導いた生命論としての歴史』、技術評論社、二〇一三年五月)、木村愛二(ロジェ・ガロディ『偽イスラエル政治神話』(原著:一九九六年)、木村愛二訳、れんが書房新社、一九九八年九月、「訳者解説」)、鈴木啓功(『新天皇の時代は「世界大崩壊の時代」となる』、ヒカルランド、二〇二〇年三月)のように、ケストラーに倣って全世界の「ユダヤ人」の約九〇パーセントを占めるアシュケナジームのすべてがハザールの末裔であると考えている論者もいれば、アシュケナジームの二五パーセント程度がハザール人の流れを汲むと推定する研究者も存在する(高橋正男『物語 イスラエルの歴史――アブラハムから中東戦争まで』、中公新書、二〇〇八年一月、一五四頁)。いずれにせよ、イスラエル国家を建国したシオニストたちがケストラーの著書にひどく腹を立てたことは、言うまでもない(ロビン・コーエン『新版 グローバル・ディアスポラ』(原著:二〇〇八年)、駒井洋訳、〈明石ライブラリー〉、明石書店、二〇一二年五月、八〇頁)。

いずれにしても、古代ユダヤ人とは言語的にも血統的にも無関係な異教徒、異民族がユダヤ教に改宗したという史実が存在することは確かであり、その意味では、ユダヤ教が「世界宗教」としての側面をもっていたことも事実なのである。人口規模から「世界宗教」と呼ぶことに躊躇いがあるというのならば、「半世界宗教」と呼んでもよい。言語に着目するならば、一方で、ハザール人が話していたのは現在のトルコ共和国のトルコ語や、カザフ語、キルギス語、ウズベク語、アゼルバイジャン語、ウイグル語などと同じくアルタイ語族テュルク語派に属する言語であり、他方で、アシュケナジームが話していたのはイディッシュ(独 Jiddisch; 英 Yddish)というドイツ語(正確には、高地ドイツ語）に近い言語であったわけだから、古代ユダヤ人が話していたセム語族のヘブライ語（聖書ヘブライ語）ないしアラム語とはまったく接点がないと言うほかはない（後述するように、ヘブライ語とイディッシュのほとんど唯一の共通点は、ヘブライ文字で表記されていることである）。だとすれば、ハザール人であれ、アシュケナジームであれ、異教徒、異民族からユダヤ教に改宗した人たちは、「ユダヤ人」ではなく、「ユダヤ教徒」と呼ぶのが正確であろう。

アメリカ政治思想研究家である副島隆彦は、次のように書いている。

ハザラ（ハザール）王国（カザール（ハザール）人）という国が6世紀後半から11世紀頃に今のウクライナ辺りにあって、このカザール人が宗教としてのユダヤ教（モーセ五書、Torahを中心）を受け入れた。そしてこの国が滅んでもっと西の方に移動して拡がったのが、今のアシュケナージュ（アシュケナジウム）・ユダヤ人たちである。今ポーランドを中心にロシアやドイツ辺りにまでいる。白人系のユダヤ人だ。この『第13支族』The Thirteenth Tribe, 1976としてのユダヤ人論は、私が尊敬する言論人のアーサー・ケストラーArthur Koestler（1905〜1983）が書いた本である。私は、このハザラ国・カザール人がアシュケナージュ（アシュケナジーム）（西欧白人）・ユダヤ人になった説を支持する。スファラディウム（セファルディーム）・ユダヤ人（昔から地中海一円にあるユダヤ人たち）とは異なる。

（副島隆彦『陰謀論とは何か――権力者共同謀議のすべて』、幻冬舎新書、二〇一二年九

月、七三―七四頁）

わたしたちは、副島隆彦がここで慎重に話を打ち切っていることに注意しなければならない。副島は、セファルディームが古代ユダヤ人の末裔であるとか、こちらが「本物のユダヤ人」だとか言っているわけではないからだ。永年にわたってムスリム（イスラーム教徒）支配下のイベリア半島に暮らし、キリスト教国が力をつけて、一四九二年にイベリア半島からイスラーム勢力が駆逐され、ユダヤ教徒も追放されることになった。この、スペイン語に近いラディーノ（ladino）という言語を話していたユダヤ教徒を「セファルディーム」と呼ぶわけである。彼らのなかには、スピノザの祖先のようにオランダなど西欧諸国に移住した者もいたが、その多くは、当時地中海世界の覇権国家であったオスマン帝国に避難したと考えられている。彼らの多くはアラビア語圏に定着したので、言語的にはアラビア語の母語話者になった者が多かった。「アラビア語の母語話者」といえば「アラブ人」の定義以外の何ものでもないが、彼らは「ユダヤ教徒」かつ「アラブ人」というハイブリッドなアイデンティティをもつ存在になっていったのである。ユダヤ教徒のなかには、多数派の宗教であるイスラームに改宗する者もいただろう。反対に、北アフリカに暮らすアラブ人やベルベル人のなかからは、少数ではあれ、ユダヤ教に改宗する者も現われたに違いない。この数百年の間に、複数の民族集団のあいだでさまざまな形で混血が進んだと考えるのが自然であろう。要するに、ハザール王国でユダヤ教に改宗した人びとの子孫であるアシュケナジームと対比して、セファルディームは古代ユダヤ人の血筋を引いていると考えられることが多いが、実際には、セファルディームも「純粋なユダヤ人」からは隔たった、ハイブリッドな存在だったと言うほかはないのである。

中東地域研究者の臼杵陽（うすきあきら）によれば、全世界のユダヤ人／ユダヤ教徒は、一五世紀末にスペインから追放され、ラディーノというスペイン語に近い言語を話していた「スファラディーム」、ドイツ・東欧系の「アシュケナジーム」、中東イスラーム世界出身の「ミズラヒーム」、そしてエチオピア系の「ファラーシャ」の四つのカテゴリーに分類されるという（臼杵陽『イスラエル』、岩波新書、二〇〇九年四月）。語源的には、「アシュケナジーム」はヘブライ語でドイツを、「スファラディーム」はスペインを、「ミズラヒーム」はオリエント（東洋）を意味する（奥田継夫『語源で探るユダヤ・キリストの逆コード』、彩流社、二〇〇六年七月、一六八頁）。

著名な人物をあげるならば、『エチカ』で知られる哲学者のバルーフ・デ・スピノザは、スペインからオランダに移住したセファルディームの子孫である。シリアのアレッポに生まれたフランスの言語学者、エミール・バンヴェニストも、セファルディーム系である。ブルガリアに生まれ、ラディーノを母語とし、ドイツ語で『群衆と権力』などを書いたエリアス・カネッティもまた、セファルディームの末裔である。アルジェリアに生まれ、フランスで活躍した哲学者、ジャック・デリダも、セファルディーム系であろう。アシュケナジームには、『資本論』のカール・マルクス、精神分析の創始者、ジグムント・フロイト、現象学のエドムント・フッサール、チェコに生まれ、ドイツ語で『変身』、『審判』を書いた作家、フランツ・カフカ、『永続革命論』の革命家、レフ・トロツキー、『人間の条件』の政治哲学者、ハンナ・アーレント、生成文法のノーム・チョムスキー、記号論・精神分析のジュリア・クリステヴァなど、枚挙にいとまがない。言うまでもなく、国際共通語、エスペラントを創出した言語思想家、ラザーロ・ルドヴィコ・ザメンホフも、また、のちに取り上げる現代へブライ語の創始者、エリエゼル・ベン・イェフダーも、このアシュケナジーム系ユダヤ教徒の一員である。

なお、この「ユダヤ人」の二系統にかんしてはさまざまな表記が乱立しているが、わたしたちは、いま書いたように、「セファルディーム」と「アシュケナジーム」に統一することにする。もちろん、引用のなかにはさまざまな表記が見られるので、注意されたい。

一九四八年、シオニストたちによって「ユダヤ人国家(仏 État juif; 英 Jewish State)」として建国されたイスラエル国家(仏 État d'Israël; 英 State of Israel)には、世界のさまざまな国々、地域からユダヤ人/ユダヤ教徒が移住し続けている。なお、「イスラエル」という名称は、高橋和夫によると、元来イスラエルの部族同盟の名称であったものが、後にヤハウェ信仰(一神教)に立脚した民族集団、すなわちイスラエル民族の名称になったものであるが、「神(エール)が支配する」という意味をもち、神政政治の理念を表わしているとされる。また、小坂井澄によれば、「イスラエル」とは、民族の祖アブラハムの孫ヤコブが神から与えられた名であり、四世紀のユダヤ人哲学者、フィロンは「神を見る人」と解したが、ほかにも「神は照らす」、「神は癒す」などの意味にもとれるという。ユダヤ教徒にとっては、「イスラエル」はカナンの地パレスチナの占有と神に選ばれた民という選民思想とに結びついている。他方、キリスト教徒にとっては、神の選民「イスラエル」とは、もはやパレスチナの一民族を指すのではなく、イエス・キリストを受け入れ、一体となって生きる「キリスト教徒」、その共同体「教会」であると考えられている。つまり、ユダヤ教徒が『旧約聖書』の「旧いイスラエル」にとどまっているのに対して、キリスト教徒はわれわれこそが『新約聖書』の「真のイスラエル」、「新しいイスラエル」なのだと主張しているというのである(小坂井澄『さまよえるキリスト教――21世紀に生き残れるのか』、徳間文庫、二〇〇〇年一月、六七―六九頁)。

したがって、ここでは、「イスラエル」の原義と一九四八年にパレスチナに建設された国家とを区別するために、後者にかんしては、その正式名称である「イスラエル国家」を一貫して用いることにしたい。

イスラエル国家といえば「ユダヤ人国家」だというのが一般の日本人の常識であるが、実態ははるかに複雑である。「イスラエル人」の民族的多様性、宗教的多様性を具体的かつ詳細に記述しているという点では、アメリカ出身のジャーナリスト、ドナ・ローゼンタールの『イスラエル人とは何か――ユダヤ人を含み超える真実』(原著:二〇〇三年)、中丸薫監修、井上廣美訳、徳間書店、二〇〇八年九月)以上に優れた本は見あたらない。それにもかかわらず、ローゼンタールの著書は、中東地域研究者、ユダヤ史研究者などの専門家たちに完全に無視されている。その理由は、おそらく監修者を務めている中丸薫が「陰謀論」の代表的論者として広く知られているからであろう。しかし、そのような偏見や先入観にもとづいて、ローゼンタールの優れた著書を手にとらない、読まない、参考文献にあげない……というのは、学問的に公平な態度を欠いていると言わざるをえない。中丸薫の名誉のために付け加えておくならば、彼女はいわゆる「ユダヤ陰謀論」に与しているわけではなく、その反対に、「ユダヤ人」と日本人の特別なつながりを大切にする立場（いわゆる「日ユ同祖論」）に立っているのである。

さて、ローゼンタールの分類にしたがえば、イスラエル国家の「ユダヤ人」は、四つのグループに分類される。第一に《アシュケナジム――ヨーロッパからやってきたイスラエルの「WASP」エリート層》、第二に《イスラム教圏出身のミズラヒムとイベリア半島出身のセファルディム》、第三に《ロシア系――旧ソ連崩壊後にやってきたイスラエル史上最大の移民の波》、第四に《エチオピア系――〝約束の地〟への脱出を果たした黒きユダヤ人》にほかならない。

ローゼンタールの分類と臼杵陽のそれとの違いを説明するならば、「セファルディム」の多くは、イベリア半島から当時のオスマン帝国領内、とりわけアラビア語圏に移住したのであって、その意味では、「セファルディム」と「ミズラヒム」のあいだに線を引くのは難しいので、一つのグループと見なすほうが自然である。池内恵のように、「ミズラヒーム」をエジプトやイラクなどに古代から住み続けてきた中東系ユダヤ教徒、「セファルディーム」を一五世紀末のスペインの異端審問を逃れてオスマン帝国に渡来したスペイン系ユダヤ教徒と定義するならば、両者ともにオスマン帝国領内、とくにアラビア語圏に永く暮らしてきたわけだから、セファルディームとミズラヒームとを区別する必要はあまりないと言ってもよいだろう（池内恵『サイクス＝ピコ協定 百年の呪縛

——【中東大混迷を解く】』、新潮選書、二〇一六年五月、一一五―一一六頁)。両者ともに、「中東のユダヤ教徒」であることには変わりがないからである(スピノザやカネッティのように、イベリア半島からヨーロッパ諸国に移住したユダヤ教徒の末裔は少数派である)。

「ロシア系」というのは、系統としては「アシュケナジム」に属するのだろうが、一九世紀末からパレスチナへの移住を開始した「アシュケナジム」とは移住の時期が異なるだけでなく、イスラエル国家の公用語である現代ヘブライ語を習得しようともせず、ロシア語を使い続けたり、独自の政党を組織して代表を国政に送り込むなど、イスラエル国家の支配層を形成する「アシュケナジム」とは明らかに異質なコミュニティを形作っているという。そして最後に、ローゼンタールが「ファラーシャ」という語を避け、「エチオピア系」と呼んでいるのは、のちに見るように、この語がヘブライ語で「外人」を意味する差別語ないし蔑称だからであろう。

なお、イスラエル国家を構成する民族集団は以上の四つのグループからなる「ユダヤ人」だけでなく、人口の二割を「非ユダヤ人」が占めている。そのマイノリティは、マスメディアで報道されるパレスチナ人、すなわち、パレスチナの地に暮らすムスリム(イスラーム教徒)のアラブ人だけではない。第一に《イスラム教徒――ユダヤ教徒と共通の父祖アブラハムをもつ子孫》、第二に《誇り高き砂漠の遊牧民ベドウィン》、第三に《イスラム教の「異端」ドルーズ派》、そして第四に《キリスト教徒――イエスの地で暮らしているのに落ち着かない人々》という四つの民族・信徒集団が存在するのである。

3 「アラブ人」とは何か

ここでも「アラブ人」とは何か、「パレスチナ人」とは何かという定義にかかわる註釈が必要になる。「アラブ人」を「アラビア語を母語とする人」、もしくは「アラビア語を母語とし、自分のことを「アラブ人」だと思っている人」と定義するならば、第一カテゴリーのムスリム(イスラーム教徒)だけでなく、第二カテゴリーのベドウィンも、第三カテゴリーのドルーズ派教徒も、第四カテゴリーのキリスト教徒も、民族的には「アラブ人」に分類しなければならない。他方、「パレスチナ人」の定義も、「自分は代々パレスチナの地に暮らしてきたパレスチナ人だ」というアイデンティティをもっている人びとのことだから、以上四つのカテゴリーの人びとは、いずれも「パレスチナ人」だということになる。そもそも、一九世紀末、シオニストたちの移住以前からパレスチナに住んでいたユダヤ教徒でさえアラビア語の母語話者だったわけで、語の真の意味で「アラブ人」だったのである。要するに、彼らは、「ユダヤ教徒のアラブ人」だったのだ(高橋真樹『ぼくの村は壁で囲まれた――パレスチナに生きる子どもたち』、現代書館、二〇一七年四月、三一―三二頁、松本弘編著『現代アラブを知るための56章』、〈エリア・スタディーズ〉、明石書店、二〇一三年六月、三四、四二頁を参照)。イスラエル国家が建国されると、パレスチナはもちろんのこと、それ以外の広大なアラビア語圏に暮らしていた「ユダヤ教徒のアラブ人」たちも「ユダヤ人」(セファルディーム ないしミズラヒーム)と認定されて迎え入れられたのである。この「ユダヤ人」の定義においては、言語よりも宗教が優先されたわけだ。

先ほど、「アラブ人」の二つの定義、すなわち「アラビア語を母語とする人」と、「アラビア語を母語とし、自分のことを「アラブ人」だと思っている人」とを無造作に「もしくは」という接続詞で結んでみたが、シオニストにとっては、この二つの定義のあいだには決定的な差異が存在する。なぜならば、言語のみによる「アラブ人」の定義をとるか、言語に加えてアイデンティティによる「アラブ人」の定義をとるか――これら二つの定義によって、イスラエル国家における（ミズラヒームをふくむ）セファルディームの位置づけ――アラブ人か、ユダヤ人か――が完全に変わってしまうからである。

国際政治学者の高橋和夫は、次のように鋭く指摘している。

セファルディム（セファルディーム）の多くはアラブ世界からイスラエルに移住したのであるからアラビア語を母語としている。したがって前者、つまりアラビア語生活者がアラブ人であるという定義によれば、セファルディムはアラブ人ということになる。もちろんセファルディムの宗教はユダヤ教である。だがイスラム教徒のアラブ人がいるように、キリスト教徒のアラブ人が存在することについては誰も異議を差しはさまない。（…）だとすれば、ユダヤ教徒のアラブ人が存在するのに何の不都合も存在しない、との論理が導かれる。ところが、その議論を受け入れてしまえば、イスラエルの「ユダヤ人」の半分はアラブ人だ、ということになってしまう。

そして、二〇一八年までは、イスラエルの公用語がヘブライ語とアラビア語であったことを考えれば、イスラエルも広い意味でのアラブ世界に属することになってしまう。シオニストとしては国家の存立の基盤を守るためには、そうした定義は断固として受け入れられない。したがって、アラブ人とはアラビア語生活者であるばかりでなく、自らがアラブ人という自覚を持つ者だという定義を死守せざるを得ない。自らがアラブ人だと自覚さえしていなければアラビア語を話していようがアラブ人ではないわけだ。つまりセファルディムはアラブ人ではなく、ユダヤ人になれるわけだ。

〈高橋和夫『パレスチナ問題の展開』、〈放送大学叢書〉、左右社、二〇二一年三月、一一五—一一七頁〉

しかし、このようなシオニストの論理、屁理屈といってもよい論理が、普遍的・世界的に通用するわけがない。イスラエル国家は、建て前としての「ユダヤ人国家」の根底において、現実には半身がアラブ世界に浸かっているのだと指摘しなければならないのである。

「アラブ人」は、英仏などの植民地主義によって二〇ほどの国々に分断されている。「アラブ統合」は、エジプトのナセル大統領以来、全アラブ人民の悲願であった。リビアのカリスマ的指導者であったカダフィ大佐（ムアンマル・アル・カッザーフィ）は、一九七〇年に次のように力説している。

アラブ統合は、逃れられないわれわれの運命なのである。アラブは、同一言語をもつ、同一民族であり、皆、兄弟であり家族なのである。アラブ統合は、何もカダフィひとりの願望ではない。リビア人民、エジプト人民、全アラブ人民の夢なのだ。

（平田伊都子著／川名生十撮影『カダフィ正伝――誕生から革命秘話、そして激動の半生を初めて語る』、集英社、一九九〇年一一月、一二九頁）

しかし、「アラブ統合」の悲願は、いっこうに実現する気配がない。平田伊都子が指摘するように、カダフィの熱い想いに反して、アラブ諸国の権力者たちの思想と行動は、リアリストかつエゴイスティックであったからだ。周知のように、一九九〇年に起きたサダム・フセインのイラクによる隣国、クウェート侵攻は、フセイン自身は「アラブ統合」を志向していたものの、結果的にアラブ連盟を壊滅状態におとしいれた。それ以降、「アラブ統合」の理念からは遠く隔たった、アラブ諸国間の覇権争いが継続しているのである。

4 「人種」から見た「ユダヤ人」

イスラエル国家では、「非ユダヤ人」の居住地区が厳格に隔離されているのはもちろんのこと、「ユダヤ人」のあいだでも居住地区の区別・差別が存在するという。たとえば、首都のテルアヴィヴでは、アシュケナジームが生活する豪華なマンションが建ち並ぶ地区があり、そことは公園で囲い込まれ、遮断された地区にミズラヒームが暮らしているという(四方田犬彦『見ることとの塩――パレスチナ・セルビア紀行』、作品社、二〇〇五年八月、「テルアヴィヴという都市」を参照)。これでは、かつてヨーロッパ諸国で「ユダヤ人」を隔離していたゲットーや、日本の被差別部落と変わりがないではないか。元アメリカ大統領、ジミー・カーターがイスラエル国家をかつての南アフリカ同様に「アパルトヘイト国家」だと断じたのは、実に的確な指摘だと言わなければならない(ジミー・カーター『カーター、パレスチナを語る――アパルトヘイトではなく平和を』(原著：二〇〇六、二〇〇七年)、北丸雄二/中野真紀子訳、晶文社、二〇〇八年六月、および高橋和夫『パレスチナ問題の展開』、〈放送大学叢書〉、左右社、二〇二一年三月、三九四―三九六頁を参照)。

世界的に見ると、ユダヤ人/ユダヤ教徒人口の九割をアシュケナジームが占めると言われているが、外見的・形質的には彼らはいわゆる「白人」である。わたしは、「人種」概念は、「白人」をヒエラルキーの頂点に置いた、科学的根拠のないイデオロギーにすぎないと考えているが、人間の外見的特徴をわかりやすく表現するために、ユダヤ教徒の大多数は「白人」だとあえて言っておくことにしたい(本書、「〈アジア〉から〈東洋〉への転換――あるいは人種概念としての「アジア人」」を参照)。そして、エチオピア系ユダヤ教徒というのは、もちろん、いわゆる「黒人」に属する。ところで、本来の意味でのユダヤ人、すなわち、『旧約聖書』に描かれた古代イスラエルの民は、当時のオリエント、現在いうところの中東に起源をもち、セム語族の言語を話していたことから、外見的には現在のアラブ人などに近かったと推測できる。つまり、「白人」でも「黄色人種（モンゴロイド）」でもなく、どちらかといえば前者に近い人びとだった可能性が高いと考えられる。あえて名称が必要だというのならば、「地中海人種」といったところである。ヨーロッパの画家たちは、金髪・碧眼のイエス・キリスト像を大量に描いたが、これは、歴史的なイエスがユダヤ人かつユダヤ教徒であったという史実を完全に無視していると言わなければならない（サンドラ・L・リクター『エデンの物語――旧約の民が読んだ聖書』（原著：二〇〇八年）、藤原祥隆訳、いのちのことば社、二〇一六年九月、一二頁）。最近でも、ユースタス・マリンズは、《イエス・キリストの身体的特徴は、ガリラヤ生まれの青い目で亜麻色の髪の非ユダヤ人であった》（『衝撃のユダヤ5000年の秘密――ユダヤはなぜ文明に寄生し破壊させたか？』（原著：一九六八、一九九四年）、天童竺丸訳、日本文芸社、一九九五年一月；新版、『真のユダヤ史』、成甲書房、二〇一二年一〇月、一八頁）と主張しているが、現代の聖書学者でマリンズに賛同する者はいないだろう。そして、オスマン帝国領内など、中東イスラーム世界に永年暮らしてきたセファルディームとミズラヒームのなかには、イエスをふくむ古代ユダヤ人の血筋を引く人たちが部分的にふくまれていると考えても間違いではないだろう。

このように、言語的・民族的に多様であるばかりか、「人種」的にも幅の広い人びとが「ユダヤ人」という民族（ネイション）のなかに無理やり包摂され、現にイスラエル国家の多数派である「ユダヤ人」を構成しているわけである（イスラエル国家には、少数派として二割のパレスチナ・アラブ人も存在する)。歴史学的・言語学的・宗教学的に見て妥当な判断として、現在世界に存在する「ジュイフ」、「ジュー」ないし「ジューイッシュ・パーソン」の大多数は、古代イスラエルのユダヤ民族の直系の末裔などではなく、異教徒・異民族からユダヤ教に改宗した「ユダヤ教徒」だと考えるのが妥当であろう。世界中の「ユダヤ人」が『旧約聖書』に描かれた古代イスラエルの民の末裔であるというのが、シオニストたちが捏造した神話にすぎず、歴史学的な根拠を欠いていることは、オーストリア生まれでイスラエル国家で活躍している歴史学者、シュロモー・サンドが詳しく論証しているとおりである(『ユダヤ人の起源――歴史はどのように創作されたのか』(原著：二〇〇八年)、高橋武智監訳、佐々木康之/木村高子訳、浩気社、二〇一〇年三月：ちくま学芸文庫、二〇一七年七月)。

5 「二つのユダヤ人」をめぐって

アーサー・ケストラーのアシュケナジーム＝ハザール起源説を初めて日本に紹介したのは、『ユダヤ人とは誰か――第十三支族カザール王国の謎』の訳者、宇野正美である。宇野正美は、「二つのユダヤ人」が存在すると指摘し、古代ユダヤ人の末裔はセファルディームだけであり、アシュケナジームは古代ユダヤ人とは関係のない、中央アジアから東欧に進出したハザール人の子孫であり、彼らはユダヤ教徒にすぎないと主張している。そして、《本当のユダヤ人であるアブラハムの子孫が、ユダヤ教徒カザール〔ハザール〕人にしかすぎないアシュケナジー〔アシュケナジームの単数形〕

・ユダヤ人によって虐げられ、差別され、苦しめられ、どん底に落とされている》(宇野正美『ユダヤと闘って世界が見えた——白人支配の崩壊と「二つのユダヤ人」』、カッパ・ビジネス、光文社、一九九三年二月、一〇九頁)と告発しているのである。

先に、臼杵陽にしたがって、「ユダヤ人」は、アシュケナジーム、セファルディーム、ミズラヒーム、ファラーシャ(エチオピア系)の四つのエスニック・グループに大別されることを見たが、セファルディームとミズラヒームの区別は曖昧である。一四九二年、スペインからムスリム(イスラーム教徒)が駆逐され、キリスト教徒の支配が確立され、ユダヤ教徒も追放された際に、スピノザの祖先のようにヨーロッパ諸国に移住した者もいれば、当時、中東から北アフリカを支配していたオスマン帝国に移住した者もいたわけだが、数のうえでは後者のほうが圧倒的に多かったと考えられている。主としてアラビア語圏で生活してきた後者をミズラヒームと呼んで、セファルディームと区別する論者もいれば、ミズラヒームをセファルディームのなかにふくめている論者も存在するので、宇野正美が「ユダヤ人」には二種類いると考えているのは、決して間違いではない。厳密に定義したいならば、先に見た池内恵に倣って、ミズラヒームは古代からエジプトやイラクなどに暮らし続けてきた中東系ユダヤ教徒であり、セファルディームは一五世紀末のスペインの異端審問を逃れてオスマン帝国領内に移住したスペイン系ユダヤ教徒となるが、両者ともにオスマン帝国領内、とくにアラビア語圏に永い年月生活してきたわけだから、セファルディームとミズラヒームとを区別する必要はあまりないと言ってよい。両者ともに、「中東のユダヤ教徒」であることにとは変わりがないからだ。

しかしながら、宇野正美の「二つのユダヤ人」論に問題があるとすれば、それは、第一に、「ユダヤ人」が民族(ネイション)であるという前提をまったく疑っていない点にある。その意味で、副島隆彦の指摘はまったく正しい。

ユダヤ人というのは、人種(レイス)ではない。なぜなら人種(race)としてのユダヤ人は、セム族(Semite)であり、現在も激しくいがみ合っているユダヤ人とアラブ人は、人種としてはどちらもセム族(セマイト)なのである。日本人は「「ユダヤ人」差別」と簡単に書くが、これの英語(ヨーロッパ語)は、anti Semitism であり、正確に訳せば「反セム語族主義」なのである。

だから突き詰めれば、ジュダイズムという思想(宗教)を信じる人々が、すなわちユダヤ人なのである。現在のイスラエル国の法律(「イスラエル移民法」)でも、「ユダヤ人とはユダヤ教を信じる人々」としている。および「ユダヤ人とはユダヤ人の女から生まれた者」(母系社会だ)となる。これでユダヤ人は人種でも民族でもないことになった。宇野理論は、それを「二つのユダヤ人」にまとめ上げることによって、自分の最近の思想の核心点にまでしてしまっている。

(副島隆彦『陰謀論とは何か——権力者共同謀議のすべて』、幻冬舎新書、二〇一二年九月、一〇一頁)

比較言語学が発見した「語族」が「人種」とは何ら関係ないことはのちに明らかにするが、副島隆彦の指摘の後半はまったく的確である。宇野正美は、『ユダヤと闘って世界が見えた――白人支配の崩壊と「二つのユダヤ人」』のなかでシオニズムを批判の標的に据えているのだが、皮肉なことに、シオニストがかなり強引に創り上げた民族(ネイション)としての「ユダヤ人」という虚構を無批判に受け容れてしまっているのだ。ここまで見てきたように、「ユダヤ人」と間違って翻訳されてきたフランス語の「ジュイフ」や英語の「ジュー」ないし「ジューイッシュ・パーソン」は、本来、民族集団などではなく、信徒集団にほかならないからだ。それを民族だと錯視させたのは、キリスト教が「民族宗教」であるユダヤ教を母胎としながら、ローマ帝国で広まり、「世界宗教」になったと宣伝したからであろう。しかし、事実は、キリスト教ほど多くの信徒を獲得することはなかったものの、ユダヤ教も異教徒、異民族に開かれた「世界宗教」としての側面をもっていたのである。その信徒のなかに、古代ユダヤ人の末裔だけでなく、さまざまな民族が存在するのは当然のことである。キリスト教にかんして、イエス、ペトロ、パウロら、キリスト教を創始したユダヤ人だけが「本物のキリスト教徒」であり、あとからキリスト教に改宗したローマ人やヨーロッパの諸民族が「偽のキリスト教徒」だと言う人はいないだろう。あるいは、イスラームを創始したアラブ人だけがだけが「本物のイスラーム教徒」であり、のちにイスラームに改宗したトルコ人、イラン人、パキスタン人などは「偽のイスラーム教徒」だなどと言う人もいないだろう。だとすれば、ユダヤ教に改宗したハザール人やその末裔である可能性が高いアシュケナジームを「偽のユダヤ人」などと見なすのは、無意味なのである。したがって、宇野正美の第二の誤りは、キリスト教からのプロパガンダを鵜呑みにして、ユダヤ教を「民族宗教」だと誤認した点にある。先に書いたように、ユダヤ教を「世界宗教」と呼ぶことに躊躇いがあるならば、「半世界宗教」と呼んでもよい。いずれにせよ、フランス語の「クレティアン」や英語の「クリスチャン」をキリスト教徒と訳すのとまったく同様に、「ジュイフ」や「ジュー」ないし「ジューイッシュ・パーソン」は、「ユダヤ人」ではなく、「ユダヤ教徒」と訳すのが正しいのである。

一九六一年、ナチス・ドイツによるホロコーストの首謀者であるアイヒマンの裁判を傍聴するためにイスラエル国家に赴いた文芸評論家、村松剛も、「ユダヤ人」とはユダヤ教徒のことだと明言している。

ここでそのユダヤ人の定義についていっておくが、ユダヤ人というとき、ふつうはユダヤ教徒のことだし、いまのイスラエルも、だいたいその考え方に立っている。二千年の長い歴史のあいだには、ユダヤ人の中にも、ユダヤ教徒の集団をはなれ、キリスト教社会にまぎれこむ者や、キリスト教徒と結婚する人びとも多数出た。キリスト教徒とユダヤ教徒が結婚すれば、どちらかが改宗しなければならないから、かりにユダヤ教徒がキリスト教に改宗すれば、彼はユダヤ人社会をはなれることになる。離脱した人びとの子孫は、キリスト教社会に消え、あとには残る者が残った。淘汰作用は、残った者の結束をいっそうつよめさせていったわけだが、しかしまた逆に、外部からこの共同体の中にはいってくる場合もあり得た。
(村松剛『新版 ナチズムとユダヤ人——アイヒマンの人間像』、角川新書、二〇一八年一一月、一四九—一五〇頁)

村松剛は、イスラエル国家の実情を見聞してきたので、それが多民族国家であることを身をもって経験している。

イスラエルに行くとわかる。高い鼻、黒い髪、背の低いいわゆるユダヤ人型の体軀は、もちろんこの国では目立つ。しかしそれだけではなく、明らかに北欧の血をまじえた金髪の女もいるし、アフリカ系のユダヤ人には、ニグロのように、チヂレ毛の人びとがいる。アラブ諸国からきたユダヤ人は、殆どアラブ人と区別がつかないのである。
(前掲書、一五〇頁)

しかしながら、「ユダヤ人」とはユダヤ教徒のことだという定義を受け容れなかったのは、ほかならぬアドルフ・ヒトラーだったのだ。村松剛は、ヒトラーの『わが闘争』から引用している。《ユダヤ人はつねに一定の人種的特性をもった民族であって、決して宗教集団だったことはない。彼らは自己の発展のために、自民族への注目をソラせるような手段を、早くから求めていたのだった》(前掲書、一五一頁)。「ユダヤ人」は民族であるというヒトラーの「ユダヤ人」観は、一九世紀以降のヨーロッパ人による「ユダヤ人」差別を極限にまで尖鋭化させたものだと言えるだろう。そして、彼は、キリスト教徒であっても、「ユダヤ人」の血を引いている人びとをホロコーストの対象にしたのである。これは、「血の純粋性」に拘泥するヒトラーが引き起こした、二〇世紀最大の悲劇の一つであった。

ところで、ハザール王国を建国し、支配層を形成したのはトルコ系の民族であるが、その住民がすべてトルコ系の人びとだったわけではない。シュロモー・サンドが指摘しているように、《トルコ系またはフン＝ブルガール系の強力な氏族の連合から生まれたハザール人は、植民活動の初期に、黒海からカスピ海——長く「ハザールの海」と呼ばれていた——まで広がる高地や草原に彼らよりも早く住みついていたスキタイ人と混交した(…)。王国の最盛期には、実に多様な部族や言語集団を含みこんだ。アラン人からブルガール人にいたるまで、マジャール人〔ハンガリー人〕からスラヴ人にいたるまで、多数の臣下の上に権力をふるい、彼らから税を取り立てた。こうして彼らは、北西はキエフから南はクリミア半島まで、ボルガ川から現在のグルジア〔ジョージア〕にまでいたる広大な領土に君臨することができたのだ》(『ユダヤ人の起源——歴史はどのように創作されたのか』(原著：二〇〇八年)、高橋武智監訳、佐々木康之／木村高子訳、浩気社、二〇一〇年三月：ちくま学芸文庫、二〇一七年七月、四二七頁)。あえて「人種」概念を用いるならば、ハザール王国の支配民族はわたしたちと同じく「モンゴロイド」だった可能性が高いが、被支配民族には「白人」が多かったと推測できる。したがって、現在のアシュケナジームが「白人」であるという事実をハザール起源によって説明することには、かなりの妥当性かあると考えてよいだろう。

以上のような二つの欠陥——第一に「ユダヤ人」を民族(ネイション)と錯視したこと、第二にユダヤ教を「民族宗教」と誤認したこと——をもつとはいえ、宇野正美の「二つのユダヤ人」論をいわゆる「ユダヤ陰謀論」の類いだと見なすのは、あまりにも乱暴である。

ユダヤ陰謀論を唱えておきながら反ユダヤ主義者という批判を避けることは難しい。しかし彼らの多くは、自分は決して反ユダヤ主義者ではないと主張する。その際によく持ちだされるのが、アシュケナジー(アシュケナジームの単数形)・ユダヤ=ハザール人説(…)である。

東欧のユダヤ人口はある時期に急激に増加しており、それは西方からの移住だけでは説明できない、というのがハザール説の根拠のひとつである。ハザール滅亡後、住んでいたユダヤ人の一部がヨーロッパに移住した可能性はじゅうぶんある。しかし東欧のユダヤ人増加はハザール滅亡から数世紀以上経ってからのことであり、それをハザール由来とするには無理がある。アシュケナジー=ハザールという単純な図式は、まず成り立たない。

ハザール説それ自体は、否定的な見方が大勢を占めているものの、れっきとした学術上の一仮説である。加えて言えば、ハザール説を世に広めたケストラーは、それをもってアシュケナジー=にせユダヤ人と主張したのではなかった。この著作の邦訳者でもある宇野やその他の陰謀論者は、ケストラーを自分の都合のいいように利用しているにすぎない。

（辻隆太朗『世界の陰謀論を読み解く――ユダヤ・フリーメーソン・イルミナティ』、講談社現代新書、二〇一二年二月、七四―七六頁）

辻隆太朗の著書は、「ユダヤ陰謀論」を原型とするあらゆる種類の陰謀論のロジックを明快に解き明かしてくれる点では有益な本であるが、宇野正美の以前の著書がもっていた「ユダヤ陰謀論」的傾向を『ユダヤと闘って世界が見えた――白人支配の崩壊と「二つのユダヤ人」』に読み込むという錯誤を犯してしまっている。少なくともこの著書のなかには、「ユダヤ人が世界支配を企んでいる」といった陰謀論の論理を見いだすことはできない。副島隆彦も、《もともとの「ユダヤ陰謀論」は一体どうなってしまったのだろうか、といささか心配になってくる》（前掲書、一〇〇頁）と首を傾げているほどなのだ。とはいえ、辻隆太朗が指摘するように、アシュケナジーム＝ハザール人説を「ユダヤ陰謀論」に利用している論者が存在するのは事実であって、アンドリュー・ヒッチコックは、「偽のユダヤ人」にすぎないアシュケナジーム＝ハザール人が、自分たちの父祖の地でも何でもないパレスチナ人の土地を強奪してイスラエル国家を建国し、多数のパレスチナ難民に離散を余儀なくさせたと主張している（『ユダヤ・ロスチャイルド世界冷酷支配年表』（原著：二〇〇七年）、太田龍監訳、成甲書房、二〇〇八年九月）。しかし、繰り返しになるが、わたしの立場は、キリスト教徒やイスラーム教徒に本物も偽物もないように、ユダヤ教徒にも本物も偽物もないというもの以外ではない。民族に関係なく、多くのキリスト教徒がイエスが十字架にはりつけにされて息絶えたエルサレムを自分たちの歴史的原点だと考えているように、セファルディームであれ、アシュケナジームであれ、ユダヤ教徒がパレスチナを自分たちの父祖の地と考えるのは自然なことであって、「偽のユダヤ人のくせに」などと難癖をつけるのは、出自によって他者を差別する「ヘイト・スピーチ」の類いだと言わなければならない。

とはいえ、わたしは、イスラエル国家のパレスチナにおける建国を正統化したいわけではない。仮に古代ユダヤ人の血筋を受け継ぐ「本物のユダヤ人」というものが存在したとしても——そんな人びとは存在しないのだが——、自分たちの祖先が二〇〇〇年前に住んでいたのだから、あるいは『旧約聖書』に彼らの土地だと書いてあるのだからという理由で、ここは自分たちの土地だ、などと主張するのは、単なる言いがかりにすぎないし、ましてや、何百年も前からそこで生を営んできたパレスチナ・アラブ人たちの土地を奪う権利などないことは、言うまでもない。

先に見た二つの錯視を犯しているとはいえ、宇野正美の批判の標的は以下に見るように、ほかでもないシオニストであって、アシュケナジームの多数派を占めるシオニストが、イスラエル国家のなかでセファルディームとパレスチナ・アラブ人を差別し、迫害していることを正しく告発しているのである。

思えば一四九二年のスペイン追放以来、スファラディ〔セファルディームの単数形〕・ユダヤ人たちは約四百五十年間にわたってアラブ社会に生活してきた。そこでは迫害もなく、みな平和のうちに生活していた。文化も、伝統も、生活も、アラブ人たちと共有してきたのである。ただちがったのは信仰だけであった。（…）

スファラディ・ユダヤ人とアラブ人は血のつながりがあるのである。そういうスファラディ・ユダヤ人たちがシオニストの策略によってイスラエルに集められた。

シオニスト・ユダヤ〔ママ〕のほとんどはアシュケナジー〔アシュケナジームの単数形〕・ユダヤ人のプロ活動家たちであるが、彼らはこのスファラディ・ユダヤ人たちをどのように見ていたのか。

一言で言うならば、下等民族と見なしていた。たとえばイスラエルの初代首相デイビッド・ベングリオンは次のように言っている。

「モロッコから来たユダヤ人は何の教育も受けていない。彼らの習慣はアラブ的である。私が好きではないモロッコ文化がここにある。私たちはイスラエル人がアラブ的になってほしくない。私たちは個人と社会を破壊してしまうレバント（東地中海沿岸地方）精神と戦い、ディアスポラ（離散）のなかで作りあげて来た本当のユダヤ的な価値を維持しなければならない」

後にイスラエルの首相となったゴルダ・メイアは、スファラディ・ユダヤ人に対して人種差別的な傲慢さを明らかにした。

「私たちはモロッコ、リビア、エジプトその他のアラブ諸国からの移民を抱えている。私たちはこれらの移民たちを適切な文化レベルまで引き上げてやらなければならない」

アバ・エバン、彼は後にイスラエルの外相になった人である。国際的にも温厚なユダヤ人として定評があった。そのアバ・エバンでさえスファラディ・ユダヤ人とアラブ世界に対する偏見をはっきりと言い表わしている。

「私たちが自分たちの文化的状況を見るにつけ、心痛むことが一つある。それはアラブ諸国からやってきたユダヤ移民たちが、やがて優位に立ってイスラエルに圧力をかけることになり、隣国すなわちアラブ諸国の文化レベルにまで落としてしまわないかということである」

どうしてアラブ文化が低いのか、どうしてアラブ文化に同調することをいやがるのか。ベングリオン、ゴルダ・メイア、アバ・エバンといえばイスラエルの代表的政治家たちである。だが彼らでさえこうであった。

裏を返せば、彼らは絶対に中東和平を実現させたくはない。いつまでもヨーロッパ的でありたいのである。アシュケナジー・ユダヤ人の指導者たちは、いずれもこのような心を持った人々であった。イスラエルが中東にあろうと、あくまでヨーロッパ的であり続けたいのである。彼らは中東和平を望んでいない。中東和平が実現するならば、スファラディ・ユダヤ人たちとアラブ人たちが融和し、イスラエルとアラブ諸国の間に文化的国境線がなくなってしまう。このようなことをアシュケナジー・ユダヤ人の指導者たちは恐れている。

彼らは中東文化を軽蔑し、ヨーロッパ文化を崇拝している。

（宇野正美『ユダヤと闘って世界が見えた――白人支配の崩壊と「二つのユダヤ人」』、カ

ッパ・ビジネス、光文社、一九九三年二月、一一四―一一六頁)

ここから読みとれるのは、宇野正美がセファルディームやパレスチナ人と連帯して、イスラエル国家の支配層を形成するシオニストたちをラディカルに批判していることである。この箇所だけを読むと、アシュケナジームのすべてがシオニストであるかのように読めないこともないが、別の箇所では、アシュケナジームにもシオニストと彼らが建国したイスラエル国家に批判的な少数派が存在することに言及している。宇野は、アシュケナジームであれ、セファルディームであれ、シオニズムに批判的な立場に立つユダヤ教徒たちと共闘しているのであって、ユダヤ教徒の全体を敵に回しているわけではないのである。その意味で、宇野のシオニズム＝イスラエル国家批判は、のちに取り上げるヤコヴ・M・ラブキンのそれを先取りしていると言っても過言ではない。だから、宇野正美のような反シオニズム論者を「反ユダヤ主義」の名のもとに糾弾するのは、言論の封圧以外の何ものでもないだろう。気にかかるのは、宇野がこの一九九三年の著書以後、言論界・出版界から姿を消してしまったことである。この事情の背後に何らかの「陰謀」が働いたのではないかと推測したとしても、「ユダヤ人陰謀論」だなどとレッテルを貼られる謂われはないだろう(宇野正美は、その後、『ユダヤが解るとこれからの日本が見える――戦争、食糧危機、天災／激動の世界を読み解く集中講義完全版』、ヒカルランド、二〇一九年四月で復活を果たした)。

宇野正美は、イスラエル国家出身のセファルディームの次のような言葉を紹介している。

一九九二年秋、このスファラディ〔セファルディームの単数形〕・ユダヤ人を代表する一人であるナイム・ギラディが日本各地を講演して回った。彼はその講演で次のように語った。

「イスラエルでは本当のユダヤ人たちが、どれほど惨めな生活を強いられていることか……アシュケナジー〔アシュケナジームの単数形〕・ユダヤ人を名乗るカザール〔ハザール〕人たちが、スファラディ・ユダヤ人すなわちアブラハムの子孫たちを二級市民に叩き落としているのである。……まだイスラエルにいた当時、私はパレスチナ人たちに向かって次のように演説した。『あなたがたは自分たちをイスラエルにおける二級市民と言っているが、実はあなたがたは二級ではなく三級市民なのである。なぜならば、アシュケナジー・ユダヤ人とあなたがたパレスチナ人の間に、私たちスファラディ・ユダヤ人がいるからだ。そして、私たちもあなたがたと同じように虐げられているのである……』」（前掲書、五―六頁）

わたしは、先に述べたように、セファルディームが「本物のユダヤ人」だという見方はとらないが、イスラエル国家において、このような差別と抑圧が行なわれていることは、宇野正美にかぎらず、多くの論者が指摘している事実である。

しかし、このようなアシュケナジームによるセファルディームに対する差別は、そもそも、イスラエル国家が一九四八年五月一四日に発表した「イスラエル国家建国宣言」とも矛盾しているのだ。

イスラエル国は、ユダヤ人移民、世界に離散した民の帰還に門戸を開放する。（…）イスラエルの預言者達が描いた自由と正義と平和の理念を基礎にして、宗教や人種或いは性別にかかわりなく、すべての住民に完全な平等を確保し、信仰、良心、言語、教育、文化の自由を保証し、すべての宗教の聖所を保護し、国連憲章の諸原則に忠実であることを誓う。

（ウリ・ラーナンほか『イスラエル現代史』（原著：一九七三年）、滝川義人訳、〈世界歴史叢書〉、明石書店、二〇〇四年三月、一六七頁）

この矛盾にかんして、「建国宣言」を全文引用したウリ・ラーナンたちは、別のところで《オリエント系の人々は、言語、考え方、マナーなどが主流派〔アシュケナジ〔アシュケナジームの単数形〕系ユダヤ人〕と大いに違っていた。その相違の意味するところも大きかった》（二〇一頁）と言い訳をしている。また、イスラエル国家内のアラブ人（パレスチナ人）に対して「建国宣言」は、《我々は、過去数ヶ月アラブの猛攻にさらされている。そのなかにあって我々はイスラエル国のアラブ住民に対して、平和を維持し、完全かつ平等の市民権を基礎にして国家の建設に参加し、暫定及び常設機関に加わるよう呼びかける》（前掲書、一六八頁）と述べているが、イスラエル国家内のパレスチナ人に「完全かつ平等な市民権」が付与されているというのは、あまりにも現実から乖離しているのではないだろうか。

くオフィス勤めなどホワイトカラーは少数に過ぎない。同ユダヤ人はイスラエル社会の最下層を構成している」と報じた。

（松浦寛『日本人の〈ユダヤ人観〉変遷史』、論創社、二〇一六年一二月、二九三頁）

イスラエル国家の支配層を形成するアシュケナジームの多数派（シオニスト）は、いったいセファルディームやエチオピア系を自分たちの「同胞」と考えているのだろうか。すなわち、彼らは、こうした被差別的「ユダヤ人」とともに同一の民族共同体（ネイション）を形作っているという意識をもっているのだろうか。一部の論者が指摘するように、シオニストたちは、「ユダヤ人」がイスラエル国家の人口の多数派を維持できるように——パレスチナ・アラブ人の割合が増えないように——という目的だけのために、諸外国からユダヤ教徒を探し出して、帰化させているのではあるまいか。

驚くべきことに、イスラエル国家は、「ユダヤ人」をエチオピアからだけでなく、インドや中国からも探し出してきているというのだ。読売新聞社エルサレム支局長を務めた三井美奈は、次のように証言している。

人口逆転を食い止めるため、世界各地で「ユダヤ人」を探す動きが出てきた。

その中心となっているのが、シャベイ・イスラエルという民間団体だ。「シャベイ」とはへブライ語で「帰還」の意味で、その名の通り世界各地でユダヤ人の子孫を捜し、父祖の地イスラエルへの移民を促している。エルサレム中心部に本部を置き、主に在米ユダヤ人社会からの支援で運営されている。

旧約聖書に出てくるダビデ王の時代、古代イスラエル王国には十二の支族があった。その息子ソロモン王の死後、南北に分裂し、十支族が北王国を構成した。北王国は紀元前七二二年、アッシリアによって滅ぼされ、離散した。シャベイは、この「失われた十支族」の末裔を見つけ出そう、という壮大な計画を持っている。一九九〇年代以降、インドのミャンマー国境地域から、シャベイの支援で千二百人以上が移民した。約四百年前に定住したとされるブネイ・メナシェと呼ばれる集団で、二〇〇五年にイスラエルの首席ラビによって「ユダヤ人の子孫」と認定された。(…)

〔シャベイ創設者、マイケル・〕フロイント氏が現在、注目しているのは、中国東部・河南省開封(かいほう)の「ユダヤ人共同体」だ。開封には約千年前、インドやペルシャからユダヤ人が渡来し、共同体ができたとされる。十六世紀に中国に渡ったイエズス会宣教師マテオ・リッチは、開封のユダヤ人について記述しており、イエズス会の調査団も派遣された。開封にはシナゴーグが建ち、割礼や安息日の習慣も守られていたが、十九世紀には共同体は消滅状態となったという。

(…)二〇〇五年に現地を訪問し、住民たちを前に「ユダヤ人の約束の地をめざそう」と訴えて移民熱をかきたてた。ユダヤ教に関する本を数百冊送り、住民をユダヤ人として開眼させた。

宗教法上、生来のユダヤ人は「母がユダヤ人」であることが要件で、父系が伝統の中国で血筋をたどるのは困難だ。そこで、開封からはまず女性四人がイスラエルに留学し、ユダヤ教徒として正式な改宗をすませ、「正真正銘のユダヤ人」となってから市民権を獲得した。(…)「中国系ユダヤ人」の一人、金錦さんに会った。(…)カフェでアルバイトしながら、ヘブライ大学に通っていた。黒い瞳、愛嬌のある丸顔はどこから見ても東洋人だが、達者なヘブライ語で「聖都エルサレムへの帰還は念願でした。将来は外交官になりたい」と話した。

ただ、世界の遠隔地から移民を招くことには、国内の当惑もある。インディオト・アハロノト紙によると、ナイジェリア、ウガンダ、南アフリカ、ポリネシア諸島の部族から、「ユダヤ人の子孫」として認めてほしいという要望が政府に相次いで寄せられたという。イスラエルが豊かになったことの産物と言えるが、国民の多様化で、ユダヤ国家とは何かという根本的な問題も顕在化してきた。

(三井美奈『イスラエル——ユダヤパワーの源泉』、新潮新書、二〇一〇年九月、一七四—一七八頁)

ここで三井美奈が「ユダヤ人」や「中国系ユダヤ人」にカギ括弧をつけているのは、果たして「ユダヤ人」という単一民族が存在しているのか疑わしい、という疑問を感じているからではないだろうか。わたしたちと同じようなモンゴロイドの外見をした「ユダヤ人」がいると言われても、多くの人は冗談だとしか思わないだろう。それに対して、エチオピアや中国にキリスト教徒がいるとか、ムスリム(イスラーム教徒)がいるとか聴いても、驚く人はいないに違いない。ここに露見しているのは、イスラエル国家が「ユダヤ人」人口を多数派として維持するために、世界中からユダヤ教徒を「発見」してきて、彼らを「ユダヤ人」という民族共同体(ネイション)の構成員として認定しようと躍起になっている姿である。それにもかかわらず、多数派のアシュケナジームがセファルディーム、エチオピア系などを差別し、抑圧するというのは、理解に苦しむと言うほかはない。アシュケナジームは、ヨーロッパ諸国でゲットーに閉じ込められ、差別され、迫害された歴史を生きてきたにもかかわらず、今度は彼ら以外の「ユダヤ人」やパレスチナ・アラブ人をイスラエル国家の二級、三級市民として差別し、抑圧しているのである。シオニズムがほかでもない、(ホロコースト=「ユダヤ人」大虐殺を行なった)ナチズムを反復していると指摘されても、返す言葉がないのではないだろうか(宮田律『無法者が塗り替える中東地図』、毎日新聞出版、二〇一八年九月、三四―三八頁を参照)。

6　比較言語学の利用、あるいは異教徒から異人種へ

ラザーロ・ルドヴィコ・ザメンホフ(Lazaro Ludoviko Zamenhof, 1859-1917)は、若き日、誕生したばかりのシオニズムに共鳴していたため、人工言語創出の初発の動機は、世界のさまざまな国々・地域に離散している「ユダヤ人」の共通語を創り出すことだったと言われている。言うまでもなく、

ザメンホフはのちにシオニズムと訣別して、「ユダヤ人」に限定せず、世界中のすべての人びととの国際共通語としてエスペラントを世に送り出したのだった。だが、共通の言語が存在せず、特定の国家なり地域なりにまとまって居住していないという事実自体が、「ユダヤ人」なる民族が存在すると考えることを困難にしている言わざるをえない。以下では、シオニズムという思想と運動が、実は、人種主義的な「ユダヤ人」差別が反転して生まれ出たのだということを確認しておきたい。

近代以前のヨーロッパには、人種差別的(レイシズム)な「ユダヤ人」差別は存在しなかった。存在したのは、あくまでも宗教的な差別、すなわち、キリスト教徒によるユダヤ教徒の差別であった。キリスト教徒がユダヤ教徒の差別や迫害に躍起になったのは、キリスト教の母胎がほかならぬユダヤ教だったからである。周知のように、キリスト教は、ユダヤ教の正典の一つである『旧約聖書』――ユダヤ教には『新約聖書』は存在しないので、単に『聖書』と呼ばれる――を『新約聖書』と並んで正典として位置づけている。実際にキリスト教の『聖書』を手にとってみれば一目瞭然であるが、分量的には『旧約聖書』が『新約聖書』を圧倒的に凌駕している。そもそも、イエスがユダヤ人であり、ユダヤ教徒であったことは自明であり、キリスト教をユダヤ教から独立した宗教として確立することに貢献したパウロをはじめ、初期のキリスト教徒の大部分は本来の意味でのユダヤ人であった。

キリスト教をユダヤ教から分かつ最大の分岐点は、イエスを「メシア(救世主)」と認めるか否かにある。『旧約聖書』に繰り返し描かれているように、古代イスラエルの民は、いつの日かメシアが登場して、塗炭の苦しみを舐めている自分たちを救済してくれると信じていた。そして、イエスの時代においても、ユダヤ人の多数派は、かつて強力なユダヤ人国家を樹立したダビデ王のように、ローマ帝国の支配からユダヤ人を解放し、地上にユダヤ民族の独立国家を打ち建ててくれるメシアを待望していた。ところが、イエスが説いたのは、「地上の国」でのユダヤ民族の解放などではなく、「神の国」での救済であり、しかも、イエスは、「神の国」ではユダヤ教の戒律を守っている敬虔なユダヤ教徒と罪人や娼婦のような被差別者との区別も、さらには、ユダヤ人と異邦人、異教徒との区別も存在しないというラディカルな教えを説いたのであった。もちろん、イエスは、自身がユダヤ教徒であることを疑っていなかったはずであり、自分がユダヤ教とは異なる、新しい宗教——彼の死後に生まれるキリスト教——の教祖であるなどという意識はもっていなかったはずである。イエスの自己認識とは、せいぜいユダヤ教の改革運動を行なっているという程度であったと思われる。

マルクスはマルクス主義者ではなかったとよく言われるが、イエスもキリスト教徒ではなかったのである。キリスト教を創り出したのは、イエスの弟子だったペトロや、イエスを直接には知らなかったが、ユダヤ教から改宗して、キリスト教を創設したと言われるパウロといった人びとであり、もちろん彼らはユダヤ人であった。彼らは、イエスこそ「真のメシア」だと信じたのである。ヘブライ語の「メシア」に相当するギリシャ語が「キリスト」であり、歴史的に実在したイエスがキリスト(救世主)だと信仰する人びとが、彼を「イエス・キリスト」と呼び、キリスト教徒になったのである。

ところが、大多数のユダヤ人たちは、「地上の国」でユダヤ民族を解放し、ユダヤ人国家を樹立してくれるメシアを待望していたので、「神の国」での救済を説いたり、十字架上で惨めに息絶えたイエスがメシアだと信じなかったのも無理はなかった。このように、イエスがメシア＝キリストだと信じない人びとは、ユダヤ教にとどまったわけである。当時のユダヤ人たちにとっては、「神の国」だの、イエス・キリスト、すなわちイエスが救世主であるとか、さらにイエス・キリストは人でありながら同時に神である——日本人が言うところの「現人神」である——といったキリスト教の教義（三位一体の教義）などを理解することは非常に難しかったはずだから、大多数のユダヤ人がユダヤ教にとどまったのは自然なことだと言えるだろう。

それに対して、キリスト教徒の立場に立つと、ユダヤ教徒というのは、自分たちの母胎であるユダヤ教を信仰する人びとであるとともに、イエスをメシア＝キリストとは認めない厄介な、あるいは不届きな連中だということになる。そこで、キリスト教は、己れの母胎であるユダヤ教から独立して、まったく新しい宗教として自己を確立するために、絶えずユダヤ教を否定するという内的動機に衝き動かされることになるのである（上村静『旧約聖書と新約聖書——「聖書」とはなにか』〈シリーズ神学への船出〉、新教出版社、二〇一一年一二月を参照）。したがって、近代以前のヨーロッパに存在したのは、宗教的な動機にもとづいた「ユダヤ教徒差別」であり、人種差別的な「ユダヤ人差別」はいまだ存在していなかったのだ。

しかしながら、宗教的な理由にもとづくユダヤ教徒差別——「反ユダヤ教主義（仏 antijudaïsme;

英 antijudaism)」と呼ばれる——といえども、イエス自身の思想に反していることは明白である。『新約聖書』を少しでも読んだことのある人ならば想起できるように、イエスが説いた思想の核心は、ユダヤ人同胞に対する「隣人愛」を含み超えて、「あなたの敵を愛せ」という〈愛敵〉にあった(辻学『隣人愛のはじまり——聖書学的考察』、〈シリーズ神学への船出〉、新教出版社、二〇一〇年六月)。イエスのいう〈敵〉のなかに、ギリシャ人やローマ人のような多神教徒だけでなく、一神教を信仰するユダヤ教徒がふくまれることは、言うまでもない。だから、ユダヤ教徒を差別し、迫害するキリスト教徒たちは、救世主(メシア＝キリスト)としてのイエスの思想に反しているばかりか、「三位一体」の教義によって神と同一視されたイエスの思想にも反していたのである。いや、メシアでも神でもなく、たとえイエスが一、個、の、人間であったとしても、キリスト教徒たちはイエスの教えに忠実ではなかったのだ。マルクス主義者がマルクスを裏切ったとよく言われるように、キリスト教徒もイエスを裏切ったと言わなければならない。

ところで、人種差別的な「ユダヤ人」差別——ユダヤ教徒差別ではなく——が誕生したのは新しく、一九世紀のことにすぎない。一九世紀に成立したさまざまな科学の知見が総動員されて、従来、〈異教徒〉としてのユダヤ教徒にすぎなかった人びとを〈異人種〉としての「ユダヤ人」に仕立てあげ、近代的な「ユダヤ人」差別を構築してゆくのである。

一九世紀に新たに誕生した「ユダヤ人」差別は、「反セム主義」という名で知られている。「反セム主義」の原語は、フランス語で antisémitisme、英語で antisemitism であるが、この単語は、日本では一般に「反ユダヤ主義」と訳されている。しかし、「反ユダヤ主義」ではなく、文字どおり「反セム主義」と訳してこそ、この新しい「ユダヤ人」差別の科学的根拠が何であったかを認識することができるのだ。

一九世紀初頭、ドイツを中心に誕生した比較言語学は、世界のさまざまな言語を比較して、偶然とは考えられない類似性を示す言語は、共通の起源――「祖語」と呼ぶ――から分かれ出たに違いないという仮説を立てた。当時の比較言語学者はみなヨーロッパ人であったから、自分たちに身近な諸言語の研究から始め、最初に「インド・ヨーロッパ語族」、略して「印欧語族」を発見した。インド・ヨーロッパ語族の存在に最初に気がついたのは、東インド会社で働いていた英国人、ウィリアム・ジョーンズであると言われている。彼は、インドの古典語であるサンスクリットを勉強して、すでによく知っていたギリシャ語、ラテン語というヨーロッパの古典語とのあいだに偶然とは思えない類似点を発見し、この三つの言語はおそらく共通の起源から枝分かれしたに違いないと考え、一七八六年に発表したのだった。

ウィリアム・ジョーンズの示唆にもとづいて、一九世紀の比較言語学者たちは実証的な研究を積み重ね、「インド・ヨーロッパ語族」の存在に確信をもち、次いで、ウラル語族(フィンランド語、エストニア語、ハンガリー語など)、アルタイ語族(モンゴル語、トルコ語など)、セム語族などを発見していったのである。通常「反ユダヤ主義」と訳されているフランス語や英語の単語を「反セム主義」と訳す必要があるのは、そうしなければ、比較言語学が発見した「セム語族」とのつながりが断ち切られてしまうからにほかならない。

ところで、言語学という科学はまさに比較言語学として誕生したことを、ここで確認しておかなければならない。一九世紀から二〇世紀初頭まで、言語学には比較言語学以外のものは存在しなかったのである。比較言語学でない新しい言語学が生まれるのは、ソシュールの『一般言語学講義』(一九一六年)の影響のもとに、ジュネーヴ、コペンハーゲン、プラハの言語学者たちが構造主義の言語学、すなわち、構造言語学を生み出してからのことにすぎない。

フェルディナン・ド・ソシュールにしても、その本業も、自己定義としても、構造言語学者というよりは比較言語学者だったと言わざるをえない。ソシュール自身は、言語について何であれ「一般的」に語ることの困難に絶望しており、ジュネーヴ大学で「一般言語学」という講義を引き受けたのは、意に反してのことだった。事実、ソシュールは、一般言語学については一篇の論文も発表しなかったのであり、よく知られているように、『一般言語学講義』という書物は、彼の弟子のシャルル・バイイとアルベール・セシュエがソシュールの講義に出席していた数人の学生のノートをもとに編纂して、ソシュールの死後に刊行したものだった。ソシュール自身は、二一歳のときに出版した『印欧諸語における原初的母音体系にかんする覚え書』(一八七八年)の著者として、すなわち、一人の優秀な比較言語学者として五五年の生涯を終えたのである。

「ソシュールの唯一かつ真の後継者」と呼ばれるルイ・イェルムスレウ(Louis Hjelmslev, 1899-1965)の場合は、事情が異なっている。彼が最初に世に問うたのは、一九二六年から一九二七年にかけての二年間のパリ留学中に執筆した『一般文法の原理』(一九二八年)であり、これは、ソシュールをはじめとする二〇世紀の新しい言語学から影響を受け、一九世紀的な比較言語学ではなく、共時言語学の立場からの「一般文法学」創設の試みだった。しかし、彼がコペンハーゲン大学で属していたのは比較言語学科であり、比較言語学以外に言語学科というものは存在しなかった。そのうえ、指導教授のホルガー・ペーゼルセンは、『一般文法の原理』は比較言語学の博士論文としては相応しくない、と拒否した。そのため、イェルムスレウは、新たに『バルト語研究』(一九三二年)を執筆することを余儀なくされたのだった。「バルト語」というのは、インド・ヨーロッパ語族バルト語派のことで、リトアニア語とラトヴィア語をふくんでいる。イェルムスレウがソシュールの『一般言語学講義』から最大限の帰結を引き出し、内在論的構造主義の言語理論——彼は、それを「グロセマティック(言語素論)」と呼んだ——を構築したことは、わたしが『言語の復権のために——ソシュール、イェルムスレウ、ザメンホフ』(論創社、二〇二〇年一月)で繰り返し強調したことであるが、それでも、イェルムスレウの職業的な肩書きは「コペンハーゲン大学比較言語学科教授」だったのである。

さて、セム語族に話を戻そう。セム語族に属する言語としては、古代ユダヤ人が話していたヘブライ語、イエスとその同時代人が話していたアラム語、そしてアラビア語、コプト語などがある。しかし、一九世紀のヨーロッパ諸国の人びとにとって、身近に存在する隣人はユダヤ教徒だけで、ムスリム(イスラーム教徒)のアラブ人は視野に入っていなかった。ユダヤ教の正典である『旧約聖いた。『聖書』はヘブライ語(聖書ヘブライ語)で執筆されており、「ユダヤ人」はその昔ヘブライ語を話していただろう、というわけだ。しかし、実際には、当時ヨーロッパ諸国に居住していたユダヤ教徒たちは、それぞれ現地の言語を話していたし(ザメンホフは、自分の母語はポーランド語だと語っている)、ユダヤ教徒どうしで使っていた言語があるとしても、それはヘブライ語ではなく、イディッシュやラディーノだった。イディッシュはアシュケナジーム系ユダヤ教徒が用いるドイツ語(正確には、高地ドイツ語)に近い言語であり、ラディーノはセファルディーム系ユダヤ教徒が用いるスペイン語に近い言語だった。両者にはヘブライ語の影響が多少はあるものの、比較言語学的にはヘブライ語とは無関係の言語だった。

日本語の反ユダヤ主義が英語の「アンチセミティズム」の訳語というのはその通りである。しかし、この「アンチセミティズム」は、そもそもドイツの大衆作家ヴィルヘルム・マール(Wilhelm Marr, 一八一九―一九〇四)の造語である"Antisemitismus"が語源であり、この語の内の「セム」とは、単にユダヤ人のみを指すのではなく、西アジア、アラビア半島、北アフリカなどに分布するセム系の言語を用いる民族の総称なのである。

したがって、「アンチセミティズム」を批判する者は、本来、アラブ人やパレスチナ人への差別や偏見も遺憾とする者でなければならないはずである。しかし、〔レオン・〕ポリアコフとその共著者たちが「アンチセミティズム」という術語を用いる時は、そのような意味合いでは用いられておらず、もっぱらユダヤ人だけが特別視され、ユダヤ人に対する偏見のみが遺憾とされている。

（松浦寛『日本人の〈ユダヤ人観〉変遷史』、論創社、二〇一六年一二月、九二頁）

松浦寛の指摘は実に正当ではあるが、一九世紀の時点での「反セム主義」が標的にしていたのはヨーロッパに暮らす「ユダヤ人」だけであって、遠い異国に住むアラブ人などは視野の外にあったのである。もちろん、今日であれば、「反セム主義」を糾弾する人たちが、「ユダヤ人」でなくとも、セム語族の言語を話す民族を——たとえば、パレスチナ人を——問題にしなければならないことは、言うまでもない。

一九世紀の「反セム主義」というのは、このように比較言語学という当時の最先端の科学的知見を根拠にしながら、「語族」——あくまでも諸言語のファミリーのことであり、言語を話す民族のことではない——を「人種」に結びつけるという、とんでもない飛躍を行なったのである。ウラル語族に属するフィンランド語、エストニア語、ハンガリー語、系統のわからないバスク語を例外として、ヨーロッパの大多数の言語はインド・ヨーロッパ語族に属するから、これらを話す人びとは「アーリア人種」に属している。それに対して、もともとセム語族に属するヘブライ語を話していたユダヤ教徒は、「セム人種」に属している、と決めつけたのである。この疑似科学的な人種差別イデオロギーによって、ユダヤ教徒という〈異教徒〉は、「セム人種」という〈異人種〉に変換されてしまったのである。この人種主義の最終的な形態が、ナチス・ドイツによるホロコースト——ヘブライ語で「ショアー」——であることは、言うまでもあるまい（井村行子『異教徒から異人種へ——ヨーロッパにとっての中東とユダヤ人』、有志舎、二〇〇八年三月を参照）。

しかし、そもそも、「アーリア人」というのは、印欧語族の言語を話す諸民族のなかでも、インド・イラン語派の言語——ペルシャ語、ヒンディー語、ウルドゥー語、ベンガル語など——を話す諸民族が歴史的に名乗っていた自称であり、ドイツ語、英語、デンマーク語などをふくむゲルマン語派の言語を話す諸民族とは直接関係ないものであった。

ゾロアスター教、イラン・イスラーム思想研究者の青木健は、次のように書いている。

> 彼ら〔ナチス・ドイツ〕は、ヨーロッパ系を含むインド・ヨーロッパ語族全体を「アーリア人種」と名づけ、中でも北欧からドイツに住む「北方人種（ノルディッシュ）」を「旧来の道徳を脱し、文明を若返らせる野蛮人」にして「苛烈な生存競争に勝ち残る金髪の野獣」と定義した。その根拠は、言語的というよりも、多分に「金髪・碧眼・長身・細面」を良しとする形質的なものだった。もちろん、ゲルマン民族もインド・ヨーロッパ語族の一派ではあるが、前二〇〇〇年前後という比較的早い段階に北欧や北ドイツへ移動を開始し、しかもスウェーデンやプロイセンの先住民である巨石文化人と混血して現在のドイツ人の祖となった人々である。インド亜大陸やイラン高原のアーリア人から見れば、かなり遠い親戚に過ぎない。すでにこの時点で、本来の意味の

「アーリア人」から少なからず逸脱しているのだが、アドルフ・ヒトラー総統はさらに「優秀なるアーリア民族が世界を征服して支配種族（ヘレンラッセ）を形成すべきだ」と説き、極端な人種イデオロギーを主張した。こうして、ナチス・ドイツ第三帝国は「アーリア人」と鉤十字（アーリア人の伝統的シンボル）の旗印の下に他国を侵略し、「劣等種族（と定義された人々）」の大量虐殺を重ねたのである。

これは、単に言語的な共通性を示すに過ぎない「アーリア人」という概念を民族主義的意味に転化させ、さらに形質的な定義も付け加えた上に、主体を「インド・イラン人」→「ドイツ人」と大幅に変更して政治スローガンとしたものである。（…）ナチス以降、「アーリア人」という概念は、本来の「インド・イラン人」とは何の関係もないところで、「白人優越主義」、「ゲルマン民族の東方拡大」、「ユダヤ人のホロコースト」、「スラヴ人の奴隷化」、「第二次世界大戦」などと結びつけられ、不吉で血塗られた印象を植えつけられた。（…）だが、ヒトラーが説いた「アーリア人」が虚妄の産物だったとしても、実体を具えたアーリア人は歴史上たしかに存在していたし、その末裔は今でも現存している。ナチス流の「野蛮にして高貴なるアーリア人」を否定することに急であるあまり、本来の「アーリア人＝インド・イラン人」の存在まで歴史から消去するには及ばないだろう。

（青木健『アーリア人』、講談社選書メチエ、二〇〇九年五月、一一二―一一四頁）

そもそも、比較言語学が発見した「語族」と「人種」とのあいだには、直接的な関係はない。それに、先にふれたように、わたしは、「人種」という概念自体が、自分が「白人」だと思っている人びとの優越感と差別意識を充足するために捏造された疑似科学的概念であり、イデオロギー的概念であると考えている（本書、「〈アジア〉から〈東洋〉への転換――あるいは人種概念としての「アジア人」」を参照）。とはいえ、わたしたち日本人をふくめて、世界中の人びとが欧米人の価値観を内面化して、「人種」によって人間をカテゴリー化していることも否定できない。そういう事情があるので、とりあえず人間の外見的・形質的な特徴を示す概念として「人種」を仮に用いるとしても、「語族」と「人種」とのあいだにはいかなる関係も存在しないことを強調しなければならないのだ。アメリカ合州国をはじめ、インドやフィリピンなど、世界中で英語を話す人びとが「白人」に限定されないことは、少しでも考えてみればわかることであろう。英語の母語話者には、「白人」を自称する人びとが「有色人種」などと呼んで、無意識に差別している人びとも数多くふくまれているのである。英語圏では、カルチュラル・スタディーズやポストコロニアル・スタディーズのように体制批判的な立場に立つ研究者たちでさえ「有色人種（people of colour）」なる表現を無神経に用いているが、「白」が「無色」だという認識自体が馬鹿げているし、そもそも、「白人」と称する人びとの皮膚が「白い」わけではいささかもなく、わたしたちよりも「黒い」肌をした「白人」も少なくないのだ。

中央ユーラシア史学者の森安孝夫は、言語が「やすやすと人種の壁を越え」ることを指摘している。

トルコ民族とは、唐代から現代にいたる歴史的・言語的状況を勘案して、方言差はあっても非常に近似しているトルコ系の言語を話していたに違いないと思われる突厥（とっくつ）・鉄勒（てつろく）・ウイグル・カルルク・パスミル・沙陀（さだ）族などをひと括りにした呼称である。なお、最近の学界ではトルコとせずにテュルクとかチュルクとする表記もよく見られるが、本書ではトルコで統一する。

このトルコ民族の場合、唐代まではほとんどが黒髪・直毛・黒目のモンゴロイドであったが、唐代の終わり頃モンゴリアに本拠のあったウイグル帝国（東ウイグル可汗（カカン）国、以下では東ウイグルとも略称）が崩壊すると、ウイグル族をはじめとするモンゴロイドのトルコ民族がモンゴリア～アルタイ地方から大移動して天山山脈一帯からタリム盆地全体を支配するようになった。その結果、そこにいた先住のコーカソイドの印欧語族（インド＝ヨーロッパ語族）は何世代か後にはトルコ語化し、全体が「トルキスタン」、すなわちペルシア語で「トルコ人の国、トルコ語を話す人々の土地」となった。この時、トルコ語民族はけっして先住の印欧語族を皆殺しにしたわけではない。全体が「トルコ語を話す人の国」になっただけであり、その状態が現代にまで続くのである。つまり言語はやすやすと人種の壁を越えたのである。それ以後、一口にトルコ民族といっても、その中には黒髪・直毛・黒目もいれば茶髪・巻き毛・碧眼、さらにその混血などさまざまな外見の人が入り交じっているのである。さらにトルコ民族が中央アジアから西アジアにまで進出し、まずセルジューク朝を、次いでオスマン朝を建てた暁には、コーカソイド系トルコ人の割合が増えるだけでなく、縮れ毛・黒い肌のニグロイド系のトルコ人まで出現するようになるのである。これが史実である。

（森安孝夫『シルクロードと唐帝国――興亡の世界史』、講談社、二〇〇七年二月：講談社学術文庫、二〇一六年三月、三一―三二頁）

要するに、トルコ系の言語を話していた民族は、本来はわたしたち日本人に近いモンゴロイドであったが、インド・ヨーロッパ語族（印欧語族）の言語を話す諸民族を征服し、彼らをトルコ語化した結果、「白人」のトルコ人が多数派になり、さらには「黒人」のトルコ人まで出現するに到ったというのである。このトルコ語のユーラシア大陸制覇は、二〇世紀後半以降の英語の世界制覇を先どりしていると言ってもよいだろう。この例を見ても、比較言語学が発見した「語族」が「人種」といかなる関係ももたないことは、明白である。昔ヘブライ語を話していたから「セム人種」だなどというのは、科学的根拠を欠いた言いがかりにすぎないのだ。それに、すでに見たように、ロシアをふくむ東西ヨーロッパ諸国に居住するユダヤ教徒の大多数は、『旧約聖書』の時代にヘブライ語を話していた古代ユダヤ人の血筋を引いているわけではなく、中世以降にユダヤ教に改宗した東欧のハザール王国支配下の諸民族の末裔である可能性が高いのであって、外見的・形質的には印欧語族に属する諸言語をはじめ、ウラル語族に属する諸言語などを話す「白人」たちと何ら変わりがないのである。

7　シオニズム、あるいは「ユダヤ人」の創出

「ユダヤ人」とされた人びとは、一九世紀に登場した「反セム主義」によって差別され、ロシアでは「ポグロム」という民衆による暴力・襲撃の標的にまでなった。このような近代的「反セム主義」に対する「ユダヤ人」と見なされた人びとの反応は、奈良本英佑によれば、「宗教回帰」、「同化主義」、「国際主義」、「自治主義」、「シオニズム」の五つに大別されるという。ここでは、若き日のザメンホフが共鳴し、ザメンホフの死後に「ユダヤ人国家」としてのイスラエル国家の建設に結実したシオニズムについて詳しく取り上げることにしたい。

あらためて、「シオニズム（仏 sionisme; 英 zionism）」とは何だったのか、確認しておこう。

「シオニズムはパレスチナの地に、公的に認められ、法的に保障されたユダヤ人のためのホームランドの創設を追求する」――１８９７年8月、スイスのバーゼルで開かれた第一回シオニスト会議は、シオニズムの目標をこのように設定したバーゼル綱領を採択し、シオニスト機構（後の世界シオニスト機構）の設立を決めた。シオニズム運動が本格的に始動した瞬間だった。

自分たちのホームランドをパレスチナに作ろうとするユダヤ人の民族主義思想や運動を最初に「シオニズム」と呼んだのは、ウィーン在住のユダヤ人ジャーナリスト、ナタン・ビルンバ

ウムで、1890年のことだった。エルサレムには古来「シオンの丘」と呼ばれる場所があり、それがそのままエルサレムを意味することもあった。ビルンバウムは「シオンの地」、つまり「イスラエルの地(エレツ・イスラエル)」に自分たちの国を作る、という思いを込めて、この運動をシオニズムと呼んだのだろう。

(立山良司「第3章　シオニズム――ユダヤ人ナショナリズムの三つの流れ」、立山良司編著『イスラエルを知るための62章【第2版】』、〈エリア・スタディーズ〉、明石書店、二〇一八年六月、三三頁)

ただし、シオニストたちは、最初から「ユダヤ人国家」の建設地をパレスチナ(エレツ・イスラエル)に限定していたわけではない。近代シオニズムの父と呼ばれるテオドール・ヘルツル(Theodor Herzl, 1860-1904)は、パレスチナと並んでアルゼンチンという選択肢も提示していたし、のちに英国の植民大臣から英国領ウガンダという提案を受けたときには、真剣にその可能性を探っていたという(テオドール・ヘルツル『ユダヤ人国家――ユダヤ人問題の現代的解決の試み』(原著：一八九六年)、佐藤康彦訳、〈叢書・ウニベルシタス〉、法政大学出版局、一九九一年五月：新装版、二〇一一年一〇月)。ヘルツルだけでなく、「現代ヘブライ語の父」と呼ばれるエリエゼル・ベン・イェフダーも、その陣営に加わった(ロバート・セントジョン『ヘブライ語の父 ベン・イェフダー』(原著：一九五二年)、島野信宏訳、ミルトス、一九八八年一一月：改訂新版、二〇〇〇年九月、三三五―三四〇頁)。

先に、一九世紀的な「反セム主義」が反転してシオニズムが生まれたと書いたが、それは、シオニストたちが、本来ユダヤ教の信徒共同体にすぎなかったユダヤ教徒を〈異人種〉としての「ユダヤ人」と見なす「反セム主義」の差別と偏見をあえて引き受け、「ユダヤ人」という民族(ネイション)を創り上げたことを意味している。

オーストリア・ハンガリー二重帝国時代にブダペストに生まれた、ユダヤ系ハンガリー人のテオドール・ヘルツルは、政治的シオニズムを初めて提唱した著書のなかで次のように書いている。

私はすでに我々の「同化」について語った。(…)ひょっとすると我々は、もしもほんの二世代にわたって人々が我々をそっとしておいてくれるならば、至るところ我々を取り巻いている諸民族のなかに跡かたもなく消滅することができるかもしれない。事実は人々は我々をそっとしておいてはくれないだろう。短い寛容の期間が過ぎると、いつも繰り返して我々に対する敵意が再び目を覚ますのだ。我々の幸福は、何か神経を刺激するところが含まれているらしい。なぜならば、幾世紀も昔から世界は、我々の存在のなかに哀れな者たちのなかでも最も軽蔑すべき存在を見ることになれてきたからである。その場合、人々は無知ないしは心の狭さから、我々の幸福がユダヤ人としての我々の存在を弱め、我々の特殊性を消滅させるという点に気づかない。圧迫だけが我々を再び古い種族へ押しやり、周囲の憎悪のみが我々を再び異邦人とするのである。

かくして我々は、それを望もうと否とにかかわらず、識別可能な一体性をもった歴史的集団であり続けるのだ。

我々は一民族である――敵は我々の意志の有無にかかわらず、我々をつねに歴史のなかでそうであったような存在に仕立てあげるのだ。苦境のなかで我々は身を寄せあい、そこで突然自分たちの力を発見する。そうだ。我々には、一つの国家、それも模範的な国家を形成するだけの力があるのだ。そのために必要なあらゆる人間的、物的な手段がある。

（テオドール・ヘルツル『ユダヤ人国家――ユダヤ人問題の現代的解決の試み』（原著：一八九六年）、佐藤康彦訳、〈叢書・ウニベルシタス〉、法政大学出版局、一九九一年五月：新装版、二〇一一年一〇月、二九―三〇頁）


中東史学者の奈良本英佑は、一九世紀の「反セム主義」が反転してシオニズムという思想と運動を生み出し、「ユダヤ人」という民族（ネイション）が捏造された経緯を、次のように見事に定式化している。

対立が激しいところでは、キリスト教徒たちが、ユダヤ教徒や元ユダヤ教徒を排除するため、新たな差別のイデオロギーを発明した。宗教はもはや差別を正当化できなくなったので、彼らを、異人種、異民族の「ユダヤ人」としたのだ。ユダヤ教徒に対する宗教的差別・偏見が、衣を変えたのが、近代反ユダヤ主義といえるだろう。この反ユダヤ主義は、「ユダヤ人」は「純粋なヨーロッパ人」ではないというフィクションに依っている。(…)

近代反ユダヤ主義者のユダヤ人排除の論理を逆手にとって、ヨーロッパのキリスト教世界からの分離を積極的に主張したのが、シオニズム運動だった。シオニストたちは、ユダヤ人を「異人種」「異民族」として差別する近代反ユダヤ主義者に対して、居直ったといってもよい。

(奈良本英佑『パレスチナの歴史』、明石書店、二〇〇五年七月、四七―四九頁)

しかしながら、先に見たように、ユダヤ教徒というのは、言語的にも、地域的にも、文化的にも多種多様な集団をふくんでいた。だから、シオニストたちが「ユダヤ人」を「一民族」と見なし、その民族国家を建設しようと考えたことには、相当無理があったと言わざるをえない。それは、フランス人、ドイツ人、ロシア人、フィンランド人、ブラジル人、韓国人などからなるキリスト教徒を「キリスト人」なる一民族と見なすこと、あるいは、アラブ人、トルコ人、イラン人、クルド人、カザフスタン人、インドネシア人、マレーシア人などからなるムスリム(イスラーム教徒)を「イスラーム人」なる一民族と見なすことと同程度に不可能な挑戦を意味する。ユダヤ教は、その信徒人口の規模ではキリスト教やイスラームにははるかに及ばないにせよ、本来の意味でのユダヤ人以外の異民族、異教徒からの改宗者を内に抱え込んでいるという意味で、「世界宗教」としての側面を備えていた、あるいは「半世界宗教」であったからである。

のちに詳しく取り上げるヤコヴ・M・ラブキンも、次のように書いている。

シオニズムがナショナリズムとして例外的であるというのは、それが世界中に散らばり、ユダヤ教という宗教とのあいだに多種多様の関係を保ってきた人間集団から一つの民族を創出しようとしたからです。(…)シオニストたちは、それまで民族としての同胞感情などまったく抱いていなかった各地のユダヤ人、ユダヤ教徒の諸集団のもとでヨーロッパ式の民族感情を創り出し、普及させるばかりか、彼らに共通の言語さえ整えてやらねばなりませんでした。そして、アフリカ、オーストラリア、南北アメリカにおけるヨーロッパの植民地をお手本とし、実際の移民をともなう入植地を西アジアの一角に築く場合でも、ヨーロッパ諸国のナショナリズムとは異なり、世界中に散らばった種々雑多な人間集団のなかから入植者を養成せねばなりませんでした。しかし、二十世紀初頭の時点で、世界のユダヤ人、ユダヤ教徒の大部分は、自分たちがヨーロッパ的な意味における「民族」(nation)や「人種」(race)を構成しているなどとは、つゆほども考えておらず、むしろそれは、反ユダヤ主義の旗幟を鮮明にする人々に特有の考え方だったのです。

(ヤコヴ・M・ラブキン『イスラエルとは何か』、菅野賢治訳、平凡社新書、二〇一二年六月、一七頁)

世界のさまざまな地域に分かれて生活し、民族意識をもたないユダヤ教徒たちを民族（ネイション）に仕立て上げ、彼らの民族国家（ネイション・ステイト）をパレスチナに樹立しようという、シオニストたちの構想は、荒唐無稽な試みでさえあったと言うべきだろう。

高橋和夫は、ＰＬＯ（パレスチナ解放機構）による「ユダヤ人」批判、「ユダヤ民族」批判が、わたしたちのそれを先取りしていたことを明らかにしている。

世界中に広がる宗教の信者が一つの民族であるというシオニストの議論は、よく考えてみると奇妙なものである。アメリカのユダヤ教徒もロシアのユダヤ教徒も同じユダヤ教を信じているからユダヤ人、つまり一つの民族であるというのがシオニストの議論である。ところが、仮に日本のカトリック教徒もアメリカのカトリック教徒も同じカトリック教徒なのだから、これは同じ「カトリック民族」として一つの民族を構成するなどといった類の議論はまず誰も本気にしない。ユダヤ教徒の場合においてのみ宗教を基準に民族を分類するというのは不合理である、との議論をＰＬＯは展開してきた。つまり、この議論によればシオニズムは単なる帝国主義や植民地主義に過ぎず、民族主義ではない。ユダヤ教徒をユダヤ人にすり替え、ユダヤ民族などという存在もしない架空の民族をでっち上げてきたのがシオニストとなる。

（高橋和夫『パレスチナ問題の展開』、〈放送大学叢書〉、左右社、二〇二一年三月、八〇頁）

日本史研究家の落合莞爾も、次のように指摘している。

国民国家とは、ネイション（民族）とステイト（国家）の合成語で、この二つの概念を基本的構成要素としています。ネイションとは本来「同郷集団」の意味で、文化・言語・宗教・歴史を共有する「民族」という意味に転化しました。この点からすれば、各国に散らばる第一種ユダヤ人の民族性は、第一種B（アシュケナージ〔アシュケナジームの単数形〕）と第一種A（スファラディ〔セファルディームの単数形〕＆ミズラヒ〔ミズラヒームの単数形〕）はユダヤ教を共有するだけの関係に過ぎず、同郷集団とはいえません。両者の混血族はともかくとして、全く別の民族といえましょう。

（落合莞爾『金融ワンワールド――地球経済の管理者たち』、成甲書房、二〇一二年四月、七九頁）

落合莞爾は、ここで「ユダヤ人」が単一の民族（ネイション）ではなく、複数の民族集団からなる信徒集団であることを指摘しているのであり、シオニストが建国したイスラエル国家が民族国家（国民国家）ではありえないことを示唆している。しかしながら、瀕死のオスマン帝国の領土をめぐる帝国主義列強の力関係のなかで、テオドール・ヘルツルが一八九六年に初めて提唱した「ユダヤ人国家」の構想は、一九四八年に、イスラエル国家の独立として現実のものとなってしまうのである。それは、ヘルツルの死後のこと――そして、ヘルツルの一歳年長のザメンホフの死後のこと――であるとはいえ、ヘルツルの提唱からわずか五二年後に「ユダヤ人国家」が現実化したというのは、歴史的に見てむしろ驚異的なスピードではないだろうか。

ポーランドにユダヤ教徒として生まれ、英国で活躍した歴史学者、アイザック・ドイッチャーは、一九五八年、イスラエル建国一〇周年にあたって、次のように書いている。

年ごとに民族国家が時代遅れのものと化しつつあることが明らかになって来ている二十世紀中葉になってやっとユダヤ人が自分たちの国家を獲得しなければならなかったということは、歴史の悲しいパラドックスである。最盛期の民族国家は多くの人々にとって物質的精神的進歩の要因であり、中世の群雄割拠の時代よりも一歩すすめた形と考えられ、国家が封建主義の残滓を払拭し、ヨーロッパの人々を教会の精神的拘束から解放したのであるが、その当時ユダヤ人は民族国家の一員とはみとめられていなかった。近世のユダヤ人社会は、その思想的立場をシナゴーグや市場の中に埋没していない場合には、スピノザからマルクスに至る普遍的な人間像を説く偉大な思想家たちを欧州に提供してきたのである。

ユダヤ人は民族中心の考えを超越し、国家や帝国の盲目的崇拝を乗り越え、超国家的な形の社会生活を予知できるような生活環境をもっていたのである。ところが民族国家という制度が崩壊の過程を辿り、かつての封建諸侯の領地のように、国家そのものが愚劣な時代錯誤的存在となってきており、絶えざる技術革新によって、超国家的な人間存在の形態を見出すことが人類にとって生死の問題となってきているこの時点において、ユダヤ人はそのあり余る熱情とそのすぐれた才能を自分たちの民族国家とその民族主義にぶち込んでいるのである。

それはかれらが悪いのではない。そしてキリスト教国にはこれを非難する何らの道義的権利もないのである。しかしパラドックスはそこに存在する。ユダヤ人はキリスト教徒以上にそのことに気がついてもいいはずである。たしかに、イスラエルは世界にその範をたれ、国家体制を放棄し、より高次の形の社会的組織をとれといってみたところでそれは無理であろう。しかしイスラエル人たちは、少なくともかれらのおかれた窮状とそれから脱出するチャンスをもっと真剣に考え、その新しく出来たてだが、すでに真赤にもえている民族主義に足をとられないように気をつけるべきではなかろうか。イスラエルも批判を超越した存在ではない。そのことをイスラエルはうけいれなければいけない。イスラエルもこの世の産物であって、聖書にもとづく神聖な存在でもなければ、「選ばれた」民の国家でもないのである。

（アイザック・ドイッチャー『非ユダヤ的ユダヤ人』（原著：一九六八年）、鈴木一郎訳、岩波新書、一九七〇年五月、一五七―一五九頁）

ここでドイッチャーが「ユダヤ人」に期待している民族主義（ナショナリズム）と民族国家（ネイション・ステイト）の乗り超え、そして「超国家的な形の社会生活」や「超国家的な人間存在の形態」を提起した一人が、ほかならぬザメンホフであったことは間違いない。ザメンホフは、シオニストたちが目指している「ユダヤ人国家」の建国がもたらす害悪が、その果実よりもはるかに大きいことをすでに予見していたのである（立川健二『言語の復権のために――ソシュール、イェルムスレウ、ザメンホフ』、論創社、二〇二〇年二月所収、「愛の言語思想家、ザメンホフ――言語差別を超えて」を参照）。

8　現代ヘブライ語、あるいは「ユダヤ人」の共通語の創造

「反セム主義」を逆手にとって、多種多様な民族集団からなるユダヤ教徒を「ユダヤ人」に創り換えるにあたって、シオニストたちに与えられた最大の課題の一つは、「ユダヤ人」の共通語をどうするか、ということであった。以上で見てきたように、西欧から東欧、ロシアまで、中東・アフリカから南北アメリカ大陸、オセアニアなどにまで及ぶ広大な諸国・諸地域に分散していたユダヤ教徒たちは、当然のことながら、現地の言語を母語としていたのであって、古代ユダヤ人の言語であるヘブライ語（聖書ヘブライ語）を話すことなどできなかったからである。

それは、一九世紀末から二〇世紀初頭のユダヤ教徒の言語状況に限ったことではない。すでに見たように、イエスの時代においてさえ、パレスチナに住むユダヤ人たちは、彼らの祖先が話していたヘブライ語ではなく、もともと隣接する地域の有力言語であったアラム語の母語話者と化していた。しかも、エジプトなど西地中海地域に移住したユダヤ人たちは、ヘブライ語と同じくセム語族

に属するアラム語の知識さえ失なって、地中海世界のリンガ・フランカであるギリシャ語を話すようになっていた。古代イスラエルの民の子孫である紀元後一世紀のユダヤ人でさえ、もはや言語共同体ではなくなっていたのだから、それからさらに二〇〇〇年後のユダヤ教徒たちが一つの言語共同体をなしているはずもないのである。そもそも、近代のユダヤ教徒の大多数は、古代ユダヤ人の末裔ではなく、異民族ないし異教徒からユダヤ教に改宗した人びとの子孫である可能性が高いのだから、彼らに共通の言語が存在せず、ユダヤ教徒が一つの言語共同体をなしていないことは、あまりにも当然だったと言わなければならない。それは、数多くの民族からなるキリスト教徒やイスラーム教徒が、それぞれ一個の言語共同体など構成していないのと何ら変わりがないのである。政治的シオニズムを初めて提唱したテオドール・ヘルツルは、次のように書いている。

ひょっとすると、我々が今後とも共通の言語を持たないという点が、一つの障害となるだろうと考える人がいるかもしれない。たしかに我々はたがいにヘブライ語を話すことができないのだ。ヘブライ語で汽車の切符を求めることができる程度にも、この言葉が話せる人が我々のうちにいるだろうか？　いないのだ。にもかかわらず、問題はきわめて簡単だ。だれもが、己れの思考の故郷である自分の言語を保持しつづけるのである。言語連邦主義の可能性にとって、究極の実例となるのはスイスである。我々はかの地へ行ってからも、現在の我々であり続けるだろうし、それと同じように、我々を追い立てた我々の祖国を悲しみをこめて愛し続けることを決してやめないだろう。
我々がいま用いている、歪められ抑圧された汚い言葉、これらのゲットー語を使う悪習を我々はやめるだろう。それは囚われた人たちがこっそり使う言葉だったのである。我らの小学校の先生たちは、この事柄に注意を向けるだろう。全般的な交流に最も多く役立つ言語が、強制を伴わずに、主要言語として指定されるだろう。我々の民族共同体は独特のユニークな共同体なのである。我々は本来、ただ父親の信仰によってのみ共同体の成員と認められるのである。

（前掲書、九〇―九一頁）

ヘルツルがここで「歪められ抑圧された汚い言葉、これらのゲットー語」と呼び、忌み嫌っているのは、ドイツ・東欧のユダヤ教徒が話していたイディッシュのことである。それを「ゲットー語」と呼んだのは、これらの国々において、ユダヤ教徒は「ゲットー」という特定の被差別地区に居住することを強制されていたからであり、イディッシュはゲットーの内部でしか通用していなかったからである。国家権力が被差別者たちを特定の地区に居住させるというのは、ヤマト朝廷による古代エミシの強制移住地――「別所」という地名をもつ――に淵源をもつと考えられている、わが国の被差別部落にも見られる現象である（久慈力『大和朝廷を震撼させた蝦夷［エミシ］・アテルイの戦い』、批評社、二〇〇二年七月、一七八―一八〇頁）。「別所」といえば、信州の別所温泉が有名であるが、わたしがかつて通った埼玉大学教育学部付属中学校も、浦和市別所という地名に所在しており、近くには「底なし沼」と恐れられていた別所沼があった。

すでに見たように、イディッシュは、もともとユダヤ教徒の使うドイツ語の方言であったが、ユダヤ教徒たちが迫害を逃れてチェコ、ポーランド、ウクライナなどの東欧諸国に移動するにつれて、スラヴ系の諸言語の影響を強く受けるようになった。ヘブライ語の影響は、語彙の一部と、ヘブライ文字を用いて右から左へという方向に書くことに残っている程度であった。イディッシュによっても、ショレム・アレイヘムの『牛乳屋テヴィエ』(原著：一八九五—一九一六年)、西成彦訳、岩波文庫、二〇一二年八月)のような文学作品が書かれているが、このような例がさほど多くないことは否めない(『牛乳屋テヴィエ』は、ミュージカル『屋根の上のヴァイオリン弾き』の原作である)。そもそも、イディッシュの話者であっても、当然、居住する国や地域の言語とのバイリンガルであったことに加えて、世代が下るにつれ、イディッシュを離れて現地の言語への同化志向を示すユダヤ教徒が多かったのである。

いずれにせよ、永い歳月のあいだ「囚われた人たち」であった歴史を打ち消して、「ユダヤ民族」を偉大な、栄光に満ちた古代ユダヤ人の末裔として創り換えようとしていたヘルツルにとって、「ゲットー語」としてのイディッシュが「ユダヤ人」の共通語として相応しくないことは、明白だったのである。

イスラエル人平和活動家、ミシェル・ワルシャウスキーも、次のように書いている。

二〇世紀への転換期、ヘルツルと彼の仲間はその時代の西洋的思考を形成している観念やステレオタイプ全体を考え直してみた。ディアスポラのユダヤ人は異常であり、病める民族であり、《歴史》と進歩の埒外に置かれている。ヘルツルは立ち遅れた女性的な人民について語る。マイノリティの状態を終わらせれば、また新たな祖国で主権的となれば、ついにユダヤの民は、正常となり、男性的となり、近代性の下に連なり、生産的になることができるであろう。（…）民族解放運動を正当化するため、またとりわけ、聖なる大地への「帰還の権利」を正当なものとするために、シオニズムの計画と三千年のユダヤの民の歴史との間の連続性が援用される。だが、それは、何よりもまず、自分たちの土地で主権的であった人民、聖書時代のヘブライ人との連続性である（！）。（…）

パレスチナにおいてこそ、新しいユダヤ人が形づくられるであろう。「すべての人民と同じように」男性的で、ブロンドで、青い目をしており、近代的で、ヨーロッパ的で、働き者でありそして好戦的なユダヤ人が。最近、イスラエル博物館で四〇年代と五〇年代のポスターの展覧会が、イスラエル人自身が抱いていたイメージと次世代のために選ばれたモデルを明らかにした。悲しい《歴史》の皮肉である。そのモデルは、ナチスのプロパガンダのポスターのアーリア人のモデルである。

ディアスポラのユダヤ人については、拒絶する気持ちがあまりにも根深いので、ヘブライ人として、そして後にはイスラエル人として定義されることが好まれている。古代への準拠と、宗教的象徴の他は、ディアスポラのユダヤ人の文化は、ユダヤ＝アラブのディアスポラのものであれ、ヨーロッパのディアスポラのものであれ、一貫して無視され、消去されている。（…）イディッシュ語について言えば、それは、真の文化戦争の対象であり、この戦争は、この言語の日常語だけでなく、記憶についての言語の全面的な分散で終結したのだった。若いイスラエル人には、イディッシュ語の初級授業を受けるよりも、ラテン語の初歩を勉強する機会の方が多い。シオニズムは「ディアスポラの否定」を望んでいるのだ。反ユダヤ主義は例外として、ディアスポラは集合的記憶から抹消されるのである。

（ミシェル・ワルシャウスキー『イスラエル＝パレスチナ民族共生国家への挑戦』（原著：二〇〇一年）、加藤洋介訳、柘植書房新社、二〇〇三年七月、九九―一〇一頁）

シオニズム運動を推進したのは、イディッシュを使うアシュケナジーム系の「ユダヤ人」たちであったが、ディアスポラの時代の歴史を全面的に否定する彼らにとって、暗い記憶と結びついたイディッシュを「ユダヤ民族」の共通語として採用することは、論外だったのである。

このように言語共同体にはほど遠かった現代の「ユダヤ人」たちに共通語を創り出したのは、帝政ロシア帝国領内リトアニアのルツキ（現在は、ベラルーシ領北部）に生まれたエリエゼル・ベン・イェフダー（Eliezer Ben Yehuda, 1858-1922）であった（以下については、主としてロバート・セントジョン『ヘブライ語の父ベン・イェフダー』(原著：一九五二年)、島野信宏訳、ミルトス、一九八八年一一月：改訂新版、二〇〇〇年九月、高橋正男『物語 イスラエルの歴史――アブラハムから中東戦争まで』、中公新書、二〇〇八年一月を参照した)。世代的には、ザメンホフの一つ年上、ソシュールの一つ年下である。

ベン・イェフダーは、パリ留学中の一八七九年、「ユダヤ人」は近代的な意味で「民族」であるべきこと、父祖の地(エレツ・イスラエル)に「ユダヤ人国家」を建設すべきこと、そのためにはさまざまな国々に離散し、多種多様な言語を使用している「ユダヤ人」たちに共通の言語が必要不可欠であり、その言語は彼らの父祖が話していたヘブライ語以外にはありえないこと――という見解を初めてウィーンのユダヤ系月刊誌に、しかも(当時はユダヤ教の研究や宗教儀式にしか使われておらず、死語であった)ヘブライ語で発表した。これは、歴史の画期をなす重要な出発点であった。ベン・イェフダーは、伝統的なユダヤ教を離れ、シオニストになった――要するに、近代的な意味でのナショナリスト(民族主義者)になったのである。折しも一九世紀末、ヨーロッパ各地やオスマン帝国領内で民族主義が高揚し、民族自決が叫ばれていた時代であった。また、ザメンホフがエスペラントを発表する八年前という同時代性にも、注目しておく必要があるだろう。

一八八一年、ベン・イェフダーは、オスマン帝国領だったパレスチナに「帰還」――実際には、移住――する。しかし、生まれて初めて聖都エルサレムに足を踏み入れた日、ベン・イェフダーと最初の妻のデボラは、現実のエルサレムに失望せざるをえなかった。アメリカの国際ジャーナリスト、ロバート・セントジョンは、以下のようにエリエゼル・ベン・イェフダーの心象風景を描写している。

これがエルサレムなのか、黄金の都市、乳と蜜に祝福された都市なのか？　われわれの民族はどこだ？　赤いトルコ帽をかぶったアラブ人しかいないみたいじゃないか。期待していた神聖さはどこにあるのだ？

二人はうろうろと、曲がりくねってがたがたの狭い通りを歩き回った。悪夢の中をさまようようだった。この街が、何十世紀にもわたって、戦争や、攻囲や、略奪や、大虐殺や、悲劇を見てきた街なのか？

通り際には、薄汚い小屋や、木造のみすぼらしい建物や店が並び、汚れた布が壁にあいた穴の上にかかって、ドアの代わりをしている。

「汚さ」と「みじめさ」が、エリエゼルの心に浮かんだ二つの言葉だった。人々は貧しく、病んでいるように見える。身に着けているものはぼろばかりだ。

この街が、世界中の人間の争ってきた街なのか？　ペルシア人、エジプト人、ギリシア人、ローマ人、アッシリア人、それにキリスト教の十字軍は、打ちひしがれた人間たちのごみごみと住むこの場所に、どんな利益を見いだしたというのだろうか？　（…）

この街が、預言者たちが伝道し、偉大な宗教の真実が世界中に広まっていった街だろうか？

この街が、十八回も破壊されては再建され、二度にわたって長い間の荒廃を味わい、一つの宗教から別の宗教に六回も明け渡されてきた街だろうか？

ここにアブラハムの姿を想像することは難しい。アブラハムは間違いなくこの道を歩いたはずだが。

期待していた古代の神秘や美はまるで見られない。エリエゼルには、この薄紅と赤の早朝にも、エルサレムもまた臭いアラブの街でしかないように思えた。

（ロバート・セントジョン『ヘブライ語の父 ベン・イェフダー』（原著：一九五二年）、島野信宏訳、ミルトス、一九八八年一一月；改訂新版、二〇〇〇年九月、八一―八二頁）

ここには、ヨーロッパ系「ユダヤ人」、すなわちアシュケナジームの一人であるベン・イェフダーが「東洋」や「アラブ」を見る視線の傲慢さが浮き立っている。まるで、「未開人」を眼にした「文明人」の反応である。ところが、「ユダヤ人国家」建設のためにはヘブライ語が必要不可欠だという運動を興そうという強い信念は、ベン・イェフダーをしてアシュケナジームからセファルディームの姿へと変容させるのである。

そしてある朝エリエゼルがエルサレムの通りに出ると、あまりに変わっていたために、彼だと気づく人はほとんどいなかった。一夜にして、東洋人になってしまったのだ。身につけた長いガウンは、オリーブ・グリーンの地に、キツネの毛皮で縁取りがしてある。腰には幅広の帯を巻き、頭には赤いトルコ帽をかぶっている。それに金髪ながらひげも伸ばし始めた。これが、当時のスファラディー〔セファルディームの単数形〕の服装だった。エリエゼルは、スファラディーの発音を選んだように、服装もアシュケナージー〔アシュケナジームの単数形〕のユダヤ人のものよりこちらを選んだ。こちらのほうが華やかだし、醜くないと思ったのだ。

（前掲書、八八頁）

彼が生み出した現代ヘブライ語の発音については後にふれるが、ベン・イェフダーは、単に自分の趣味や美意識からセファルディームの服装を選択したのではない。エルサレムを中心としたパレスチナの現地の、ヴァーナキュラーな「ユダヤ人」たちのあいだにヘブライ語運動を興そうというのが彼の不変の信念である以上、服装も生活習慣も宗教的戒律も、永年にわたってオスマン帝国領内で生きてきたセファルディームたちの流儀に合わせることから始めたのである。人口でいえば、エルサレムではヨーロッパやロシアから移住してきたアシュケナジームのほうがセファルディームよりもずっと多かったのだが（前掲書、九三頁）、ベン・イェフダーは、土着の正統派のユダヤ教徒の流儀を選びとったのだった。言いかえれば、彼は、同じユダヤ教徒でも、「西洋人」から「東洋人」に変貌したということなのである。もっとも、七年後、エルサレムの地元のハルカーたち（慈善基金を管理している指導者たち）と烈しく対立したとき、東洋風のいでたちを揶揄されたベン・

イェフダーは、その服装を脱ぎ棄て、洋装に戻ってしまう（前掲書、一四一―一四三頁）。しかし、パレスチナが英国の委任統治領になった時代、晩年のベン・イェフダーは、再び、ただそうしたいがために、東洋的な祈禱衣を身にまとうようになる。彼は、言論人としては政教分離を主張し続けてきたが、心のうちではユダヤ教に対する熱い信仰心をもちつづけてきたからだった（前掲書、四二四―四二五頁）。

一九世紀末、エルサレムのユダヤ教徒たちは、一つの「民族」からはほど遠い状態にあった。一方で、セファルディームとアシュケナジームという民族集団（エスニック・グループ）間の分裂と対立があり、他方で、アシュケナジーム内部でも出身国と使用言語による分裂と対立があった。


　ベン・イェフダー夫婦が聖地に着いたころ、集団として覇気のあったのは、スファラディー〔セファルディームの単数形〕のユダヤ人たちだけだった。実際、彼らの多くは、生きるために働くことを少しも悪いと思っていなかった。たとえ土を耕すことであろうとだ。それに彼らは、あまり信心深くなかったが、これは見方によれば、あまり迷信にとらわれていないとも言えた。

　しかしスファラディーよりもアシュケナージー〔アシュケナジームの単数形〕のほうがずっと数が多く、その指導者たちは農業に激しく反対し、土を耕すことを「野蛮」だと言うのだった。

（…）

　アシュケナージーのユダヤ人とスファラディーのユダヤ人は、共通の言語を持たず、社会的にも知識の面でも、交流はほとんどなかった。

スファラディーはアシュケナージーを自分たちより劣ると考えていたし、アシュケナージーはスファラディーを信心深さに欠けると見ていた。

しかし、アシュケナージーもまたいくつかに分かれていた。その当時は、もといた国によって固まっていたからである。ドイツ・ユダヤ人、ロシア・ユダヤ人、それにフランスや英国から来たユダヤ人の間には、激しい対立があった。

こうしたグループの多くは、イーディッシュ語〔イディッシュ〕のほかに、それぞれの生まれた国の言葉を話し、そのためにますます分裂が強まった。（前掲書、九三—九四頁）

同胞たちのこうした分裂と対立を眼のあたりにして、ベン・イェフダーは、ますます「ユダヤ人」の共通語を創り出さなければならないという己れの信念を強固にしたに違いない。「ユダヤ人」が一つの言語を共有し、一つの「民族」＝言語共同体にならなければ、民族国家としての「ユダヤ人国家」は樹立できないからである。それこそが、いわば「言語的シオニスト」としてのベン・イェフダーの最終目標にほかならなかった。

手始めに、ベン・イェフダーは、エルサレムでヘブライ語だけで生活するという実験を始める。一八八二年に生まれた彼の息子、ベン・ツィオンは、ヘブライ語を母語とする「最初のユダヤ人」になった。ベン・イェフダーは、妻に対して子どもの前で、国際語のフランス語であれ、祖国のロシア語であれ、イディッシュ——彼も、「ゲットーの言語」を嫌っていた——であれ、ヘブライ語以外の言語を使うことを固く禁じていたからだ。ベン・イェフダーは、妻のデボラ向けてこう語ったという。

「デボラ、ベン・ツィオンが二歳のころを覚えているかい？　二歳の誕生日になっても、あの子は一言もしゃべらなかった。パインズやほかの人たちが、これはうまくいかないことの証拠だと言ったのを覚えてるかい？（…）でも、それからすぐあとに、あの子がしゃべり始めたことを、きみは覚えているだろう。そしていまはどうだ！　あの子は五歳になり、美しいヘブライ語を話している！　しかもヘブライ語だけだ！　そのほかの言葉は一言も、あの子の口から出たことはない。デボラ、これはぼくらの偉大な実験なんだ。どんなことがあっても、これは成功させるんだ。それでも、これは約束する。子供たちをヘブライ語だけを話すようにして育てるのが無理だとわかったら、失敗だったとおおやけに認める。（…）」（前掲書、一三三—一三四頁）

ベン・ツィオンのあとに生まれた子どもたちも同じように育てられ、ヘブライ語の母語話者（ネイティヴ・スピーカー）になったことは、言うまでもない（前掲書、一四七頁）。

ちなみに、ここまでふれなかったが、ヘルツルに代表される「政治的シオニズム」とは別に、ロシアを中心に「実践的シオニズム」という潮流が存在し、一八八〇年代から「ユダヤ人」のパレスチナ移住運動を推進していた。ヘルツルたちが「政治的シオニスト」と呼ばれるのは、英国をはじめとするヨーロッパ列強やオスマン帝国の政治家、高官らへの工作を通じて「ユダヤ人国家」の建設を目指したからである。最終的にイスラエル国家という「ユダヤ人国家」の建設を実現したのは、「政治的シオニスト」の力によるところが大きかった。いずれにせよ、ベン・イェフダーのようにパレスチナに移住する「ユダヤ人」というのは、当時はそれほど珍しくはなかったのである。

ベン・イェフダーは、ヘブライ語が現代の日常語――イェルムスレウのいう「汎用言語（pass-key language）」――としての使用に耐えるものになるためには、語彙を増やすことが先決だと考え、『旧約聖書』や『タルムード』などの膨大な文献を渉猟して、現代ヘブライ語の創出に努力した。『旧約聖書』は約八〇〇〇語で書かれているが、現代生活の必要を満たすには、どうしても数万語は必要である。そこで、ベン・イェフダーは、現代ヘブライ語の辞書作りに生涯を捧げることになる。彼のこの辞書編纂の事業とヘブライ語新聞『ハツビー』発行は、パリのエドモン・ド・ロスチャイルド男爵から資金援助を受けていた。そのため、彼は、日頃からロスチャイルドに奴隷扱いされていると不満を募らせていたパレスチナの「ユダヤ人」たちの反発を買った（前掲書、一六六頁）。とはいえ、ロスチャイルド男爵は、「ユダヤ人」のパレスチナへの入植は私財を投じて支援していたものの、「ユダヤ人国家」の建国を志向する民族主義としてのシオニズムには否定的で、アラブ人との平和共存を主張し続けたという（前掲書、二五八頁、二八七頁、三八〇頁、副島隆彦『世界覇権の大きな真実――ロスチャイルド230年の歴史から読み解く近現代史』、PHP研究所、二〇二一年三月、二一二―二一八頁も参照)。

ところで、通常、辞書というものは、実際に使われている単語や表現を収集して編纂するものであるが、彼の場合は、単語そのものを創り出さなければならなかったのだから、大変な作業だった。ベン・イェフダーの辞書の第一巻は、ドイツの大手出版社から一九〇八年に出版された。表題を記したページの次のページには、大恩人であるエドモン・ド・ロスチャイルド男爵への献辞が記されている(前掲書、三六一―三六二頁)。ベン・イェフダーの辞書は彼の死後も編纂が続けられ、最終巻は五〇年後の一九五八年に完成された。イスラエル国家建国の一〇年後のことである。

一八八五年頃から、パレスチナで、全世界の「ユダヤ人」共同体を言語によって統合する運動が始まり、ベン・イェフダーを中心に言語委員会が発足した。言語委員会は、イスラエル国家建国後の一九五三年、ヘブライ語アカデミーに引き継がれることになる。

英国の歴史学者、マーティン・ギルバートは、次のように書いている。

> 一八八九年、パレスチナのユダヤ人のあいだに育ちつつあった民族主義が一気に燃えあがった。ロシア生まれのユダヤ人エリエゼル・ベン・イェフダ〔イェフダー〕と、イェヒエル・ピネスをはじめとする少数の同志が、「ヘブライ語を日常の話しことばとしてあらゆる階層にひろめる」というはっきりとした目的をもったグループをつくったからだ。一年後、このグループ

は委員会を選出して日常使われている現代語の単語にヘブライ語をあてはめていく作業にとりかかり、一律の発音体系を創りだした。移民にはそれぞれ異なった、もとの国の発音が身についており、多くのばあいヘブライ語は二千年のあいだ祈りのことばとして受け継がれてきたのだから、これはなまやさしい仕事ではなかった。

ベン・イェフダはこの委員会の目的をつぎのように明らかにした――「ヘブライ語を生活のすべての場面で――家庭でも、学校でも、公的な場でも、商売でも、工場でも、芸術活動でも科学の分野でも――話しことばとして使える態勢にすること。……子音の発音でも語の構造や文体の点でも、ヘブライ語の東洋(オリエンタル)風な特質と独特な形を損なわないようにすること。そしてさらに現代を生きる人間の考えかたが存分に表現できる柔軟性をもたせること」。セファルディ〔セファルディームの単数形〕風なヘブライ語発音が聖書時代のことばにより近いと信じられていて、ベン・イェフダもその説を支持していた。これに対してアシュケナジ〔アシュケナジームの単数形〕風の発音は、ロシアで育った彼になじんではいたが、徐々に変化していて、またイディッシュ語の影響も受けていて、彼から見ればあまりなめらかとはいえず、より「真正なもの」ともいいがたいものになっていた。

この言語委員会の仕事は、かなりスリリングな要素と独創性がまじり合ったものになった。なにしろ古代ヘブライ語の語根に現代語の形式が与えられるのだ。アラビア語の語根も活用された。ヘブライ語の形をした非セム語系のことばも組込まれた。一八九〇年に「シオンを愛する者たち」の一団がヨルダン川西岸の北部ガリラヤに小さな農業入植地を建設すると、彼らはそこにミシュマル・ハ・ヤルデン(ヨルダン川の番人)というヘブライ語の名前をつけた。

(マーティン・ギルバート『イスラエル全史(上)』(原著:一九九八、二〇〇八年)、千本健一郎訳、朝日新聞出版、二〇〇八年一二月、二四―二五頁)

先に見たように、一八九七年八月、政治的シオニズムの創始者、テオドール・ヘルツルの呼びかけで、スイスのバーゼルで「世界ユダヤ人会議」(世界シオニスト会議)が開催されると、ベン・イエフダーは、興奮を隠せなかったが、一つだけ不満をもった。

ベン・イェフダーがいくら興奮して考えても思い付かなかったほど、バーゼルの会議は大胆な宣言をした。

力強く、明確に、バーゼルに集まった世界のユダヤ人指導者たちは、自分たちの祖国であるエレツ・イスラエルは、ユダヤ民族の新たな居住地でなければならない、と宣言したのだ。さらに、自分たちの計画を、誤解されようのない言葉でこう述べた。

「シオニズムの目的は、ユダヤ民族のために、一般にも法的にも保証された祖国を、パレスチナの地に打ち立てることである」(…)

ヘブライ語で書かれたある歌が、まだ生まれていない国の国歌として定められた。国旗として採用された図案は、伝統的な祈禱式の色である青と白で、〈ダビデの星〉を紋章にしていた。

こうしたたいへんな知らせが届いたわずか数日後、ベン・イェフダーのもとにヘルツェル〔ヘルツル〕その人の手書きの手紙が届いた。それによると、〈ハツビー〉の編集発行人〔ベン・イェフダー〕は、満場一致で理事会の理事に選ばれたという。

それから何日も、ベン・イェフダーはエルサレムの街を上の空で歩き回った。このことのために長年努力してきたのだ。いまそれが実現し、バーゼルから次々に押し寄せるニュースに酔っていた。

ただ一つ、気に入らない点があった。会議では、旗や、歌や、その他こまごましたことを扱っていたが、国家の言語については、ヘブライ語の復活については、一言も言及されていない。友人たちのだれかが、なぜこのことを主張しなかったのか？　国を創設するには、旗も、国歌もなくて済むだろうが、言語は絶対に必要だ！

（ロバート・セントジョン『ヘブライ語の父 ベン・イェフダー』〔原著：一九五二年〕、島野信宏訳、ミルトス、一九八八年一一月：改訂新版、二〇〇〇年九月、二七〇―二七一頁）

ベン・イェフダーの面目躍如たる反応である。ヘルツルが「政治的シオニスト」であるとすれば、ベン・イェフダーは、「言語的シオニスト」にほかならないからだ。彼は、「ユダヤ人国家」という民族国家〔ネイション・ステイト〕の構成要件として、国旗よりも、国歌よりも、〈言語〉こそが、すなわち〈国民語（仏 langue nationale; 英 national language）〉こそがもっとも重要だと確信していたのである。のちに、ベン・イェフダーが二歳年下のヘルツルに会ったとき、二人のシオニストはことごとくすれ違った。ヘルツルは、ベン・イェフダーが生涯を賭けて追究してきた構想、すなわち将来の「ユダヤ人国家」における共通語としての現代ヘブライ語の創造にも、そのための現代ヘブライ語の辞書編纂の事業にもまったく関心を示さなかった。ヘルツルは、とにかく「ユダヤ人」同胞をパレスチナに移住させさえすれば、何世代かするうちに言語の問題は自然に解決するだろうという立場に立っていたからである（前掲書、三〇六―三〇七頁）。

六六歳で急逝したベン・イェフダーは、生前「ユダヤ人」同胞に理解されることがなかったばかりか、「狂信者」とまで呼ばれたという。彼と同じアシュケナジーム系ユダヤ人も、セファルディーム系ユダヤ人も、シオニストも、非シオニストも、ベン・イェフダーの思想と業績を理解しなかったという。それにもかかわらず、ベン・イェフダーの没後二六年、一九四八年に「ユダヤ人国家」がパレスチナ（エレッ・イスラエル）に建国されると、彼が創造した現代ヘブライ語はイスラエル国家の〈国民語〉に採用されることになるのである。

このようにして創り出された現代ヘブライ語は、イスラエル国家の建設以前から、パレスチナの「ユダヤ人」のあいだで急速に普及したという。

ヘブライ語は、ほとんど一世代のうちにパレスチナのユダヤ人の間に普及した。民族主義が強烈だったこともあるが、オスマン・トルコ帝国の妙な中央集権不在が幸いした。エルサレムではトルコ語はむしろ少数派で、アラビア語、英語、ドイツ語、ギリシャ語、アルメニア語などがそれぞれの民族集団で話されていた。ヘブライ語は、そうした環境の中で、ユダヤ人の教員たちが中心となり、猛烈な勢いで広がっていった。ヘブライ語を〝母国語〟として育った最初の子供はベンイェフダ〔ベン・イェフダー〕の息子、イタマル〔ベン・ツィオン〕である。母親のデボラは当初ヘブライ語が話せなかったために、息子と言葉を交わすことを禁じられたという。イタマルは長じて、実用向きの小さなヘブライ語辞書を出した。

（笈川博一『物語 エルサレムの歴史――旧約聖書以前からパレスチナ和平まで』、中公新書、二〇一〇年七月、一六七頁）

オスマン帝国が支配層の言語であるオスマン・トルコ語を強制しなかったとはいえ、一方ではアラビア語を、他方ではイディッシュやラディーノなどを母語とする「ユダヤ人」たちにとって、ヘブライ語を習得するのは決して容易なことではなかったはずである。それにもかかわらず、「ほとんど一世代のうちに」、すなわち二〇年から四〇年という短期間に現代ヘブライ語の母語話者が出現したというのは、驚異的なことだと言わなければなるまい。これが事実であるとすれば、ヨーロッパ出身のアシュケナジームたちのシオニズムと同時並行的に、パレスチナ土着のセファルディーム、ミズラヒームたちのあいだでも「ユダヤ人国家」の建設を切望する民族主義的な熱気が高揚していたということになる。

ここまで見てくると、イスラエル国家の国民語・公用語になることによって、現代ヘブライ語は「ユダヤ人」の共通語になったかのように思われるが、一つだけ注意しなければならない点がある。二〇一六年現在、全世界の「ユダヤ人」、すなわち「自分をユダヤ人であると認識している人」の人口は一四四一万人余りであるが、そのなかでイスラエル国家の「ユダヤ人」は、六三三万人余りにすぎないということだ。それ以外の「ユダヤ人」は、アメリカの五七〇万人を筆頭に、フランス、カナダ、英国、アルゼンチン、ロシア、ドイツ、オーストラリア、ブラジルなどに住んでいる(鴨志田聡子「世界のユダヤ人とイスラエル」、立山良司編著『イスラエルを知るための62章【第2版】』、〈エリア・スタディーズ〉、明石書店、二〇一八年六月、二八─二九頁)。つまり、見落としてはならないのは、イスラエル国家以外に居住する「ユダヤ人」は、ことごとく現地の言語を母語としているはずであり、「自分をユダヤ人であると認識している」からといって、現代ヘブライ語の母語話者でないばかりか、その基礎的知識ももたないだろうということなのだ。二〇一七年のワールド・ベースボール・クラシック(WBC)に、アメリカ、日本、韓国、台湾などと並んで、突然イスラエル・チームが参加してわたしたちを驚かせたが、イスラエル・チームの選手たちは実際にはアメリカのメジャー・リーグや3Aなどでプレイしている「ユダヤ系アメリカ人」であり、彼らの母語も共通語も英語であったことは間違いない(野球のイスラエル・チームは、二〇二一年の東京オリンピックにも参加した)。要するに、現代ヘブライ語を母語とする「ユダヤ人」は、全世界の「ユダヤ人」の四四パーセント程度にすぎないということなのである。

ベン・イェフダーの偉大な業績として、「二〇〇〇年以上死語だったヘブライ語を現代に復活させた」と評されることが一般的であるが(たとえば、加藤重広『言語学講義——その起源と未来』、ちくま新書、二〇一九年三月、四六—四八頁)、彼の行なったことは、むしろ「現代ヘブライ語」という新しい言語の創出であって、その意味では、ザメンホフによるエスペラントの創出に比肩すると考えるべきではないだろうか。

もう少し具体的に、ベン・イェフダーが現代ヘブライ語という言語(ラング)をいかにして創造したのか、その作業の手順を見てみよう。ロバート・セントジョンは、次のように描写している。

> ベン・イェフダーが自分に課した役割は、二千年間一般には話されなかったある言語を取り上げ、現代に用いられるように一般化し、同時に複雑な人間集団の必要にも答えられるようにすることだった。(…)
>
> しかしベン・イェフダーはヘブライ語を純粋なままにしておきたかった。現代ヘブライ語は首尾一貫した美しい言葉にしたかった。ざらついた音や、耳障りな言葉は除きたかった。そうしたものは、古代の流れるような言葉とは矛盾するからだ。
>
> これを基本法則として、彼は作業を続けていた。
>
> 彼が言語学の仕事を始めた一八八一年には、ユダヤ人はもっぱら、祈りの言葉としてヘブラ

イ語を用いていた。(…)

このかび臭い言語を一般の使用に役立つようにするためには、何千もの単語を語彙に加える必要があった。ベン・イェフダーにしろだれにしろ、言葉が必要になったら、ほかの言語からそっくり拝借してしまえば簡単だっただろう。しかしこれはヘブライ語を純粋にしておくという自分で決めた原則に反することになる。これは「粗悪化」であり、粗悪化こそベン・イェフダーが避けようとしたものだった。

したがって、ある物や概念を表す文字の組み合わせを探しているときに彼が第一にすることは、その言葉がかつてヘブライ語の中に存在し、一般に使われていながら、いったんその言語から消えたのではないか、これを確認することだった。

こうした仕事には、限りない忍耐力が必要だった。(…)しかしこのように調べていくと報われることも多かった。まさに求める言葉、純粋で他と矛盾がなく、すぐ一般の語彙に戻せるような言葉がみつかるのだ。(…)

ヘブライ語は、話し言葉であることをやめたとき、語彙を増やすこともやめた。それはつまり、この二千年間に進化し、創造され、発明された、物や概念に当たるヘブライ語の言葉はないということだった。(…)

このようなときは、「姉妹語」に当たった。そうした言語のどれかに「適当な言葉」があれば、それを借りて、ヘブライ語に「接ぎ木」することができる。これなら粗悪化を禁じた自分の原則に反しない。というのは、アラビア語、アッシリア語、エジプト語、エチオピア語、コプト語は、音と形がヘブライ語に似ているからだ。

アラビア語からは必要な言葉をたくさんもらった。セム系の言語でいまも生き、活力があり、時代を通じて絶え間なく使われてきたのはアラビア語だけだからだ。しかしここでも不利な点があった。アラブ人たちは、何世紀にもわたって、現代文明から離れた原始的な生活を送ってきた。その結果、彼らの語彙は、素朴な民族が必要とする範囲にとどまっている。そのためアラビア語も役に立たないことがよくあり、そうなると言葉を生む仕事はさらに難しくなった。

(…)

求める言葉がセム系のどの言語にもみつからず、かつて存在した形跡も捜し出せないようなときは、ベン・イェフダーは実際に言葉を作り出すという仕事をしなければならない。しかしここでも、ただ耳に快い音を組み合わせるということはしなかった。まずヘブライ語の土台を一つ探し、その土台から発展させて求める言葉を作るのだ。

例えば、(…)本当の意味で「辞書」に当たるヘブライ語の言葉はなかった。代わりに人々が使っていたのは〈セッフェル・ミリーム〉という言葉で、これはただ、「言葉の本」というだけの意味だった。古代のヘブライ語の本にも、姉妹語にも適当な言葉をみつけられなかったベン・イェフダーは、土台としてヘブライ語の〈ミラー(言葉)〉を取り上げ、そこから〈ミロン〉を作り、これを新しいヘブライ語への最初の貢献の一つとして発表した。今日、ユダヤ人が辞書について話すときは、このベン・イェフダーの言葉を用いている。

(ロバート・セントジョン『ヘブライ語の父 ベン・イェフダー』(原著:一九五二年)、島野信宏訳、ミルトス、一九八八年一一月:改訂新版、二〇〇〇年九月、三一八―三二一頁)

ベン・イェフダーが己れに課した役割は、ヘブライ語が使用されていなかった、すなわちヘブライ語が「死語」であった二〇〇〇年余りの空白を一つひとつ埋めてゆくことだったのだから、それは、壮大で、ロマンにあふれていると同時に、気が遠くなるほど忍耐力を要する仕事だったと言わなければならない。フランス語、ドイツ語、英語など、「文明語」と言われるような西洋の諸言語からの単語の借用を自らに禁じ、借用はアラビア語など、ヘブライ語と同じセム語族の諸言語からに限定し、それでも適当な単語が見つからないときにのみ、ベン・イェフダーは存在する/存在したヘブライ語の単語の土台の上に新語(ネオロジスム)を創り出したのである。ベン・イェフダーが存在する/存在した根拠の上に立って現代ヘブライ語を完成させたのは明らかであるが、何千もの新語からなる語彙を付け加えた現代ヘブライ語は、果たして「古代ヘブライ語(聖書ヘブライ語)の復活」と言えるだろうか。

ベン・イェフダーは、現代ヘブライ語の新しい単語を次々に生み出し、彼の新聞紙上で公表していったが、自分がその言語の所有者だとは思っていなかった。彼は、それを受け容れて使うかどうかは、大衆の自由に委ねたのである。

新聞を通じて新しい言葉を発表したら、それを受け入れるか拒絶するかは大衆が決めることだ、とベン・イェフダーは考えた。

ベン・イェフダーの死ぬまで、専横だと言って彼を非難し、どうしてこの一人の男が、どんな言葉を話したり書いたりすればいいかを決める力があるのか、と問いかける人はいた。

その答えはいつも同じで、自分は穴掘り人に過ぎない、というものだった。一つの言葉を掘りだし、みんなに見せる。もしみんなが喜び、必要だと思えば、その言葉を使ってくれればいい。もしいらなければ、その言葉はそのまま死ぬことになる。まったくの民主主義だ。最終決定は、ベン・イェフダーの言動にかかわらず、大衆が下すことだ。

（前掲書、三二四―三二五頁）

自分の創り出した言語の所有権を主張せず、大衆が使うのに任せたという点では、ベン・イェフダーもザメンホフも同じで、根っからの民主主義者だったのだ。

ここでもう一度、ベン・イェフダーが世に送り出した現代ヘブライ語は、果たして「古代ヘブライ語（聖書ヘブライ語）の復活」と言えるのか、という問いに戻ろう。ここでも、ザメンホフとそのエスペラントとの比較が有効である。

そもそも、ベン・イェフダーと同様に、ザメンホフの場合も、無からエスペラントを創り出したわけではないのである。彼は、現在使われているヨーロッパの諸言語、すなわち、ラテン系（印欧語族イタリック語派）のフランス語、イタリア語、スペイン語、ポルトガル語など、ゲルマン系（印欧語族ゲルマン語派）のドイツ語、英語、オランダ語、デンマーク語など、スラヴ系（印欧語族スラヴ語派）のロシア語、ポーランド語、チェコ語などを基礎にして、動詞の活用、名詞の格変化など、文法（形態論的構造）を極限にまで単純化することによって、エスペラントという人工言語を創り上げたのだった。結果として、できあがったエスペラントは、現実に存在する自然言語のなかではイタリア語に近い言語になったと指摘されることが少なくない。その理由としては、第一に、名詞の語尾は必ず -o、形容詞の語尾は必ず -a などと決められたため、単語がすべて開音節（母音で終わる音節）になったこと、第二に、エスペラント創出の一八八七年当時、国際共通語としてフランス語の威光が残っており、いまだ英語の普及以前だったために、ラテン系の語彙が相対的に多かったことが考えられる。ザメンホフの思想では、国際共通語の使用において特定の民族・国民が有利になってはいけない、すなわち、〈言語差別〉があってはならないのであり、だからこそ、母語話者の存在するフランス語や英語などの大言語を国際共通語として使用するのは適切ではないということなのだが、エスペラントの場合は、母語話者のいない、中立的な人工言語ではあるが、結果的にイタリア人に多少有利な言語になったと指摘されることもあるのである。

このように、「人工言語」と呼ばれるエスペラントでさえ、現存するする自然言語をベースにしているのだから、古代ヘブライ語の語彙に何千もの単語を加えてできあがった現代ヘブライ語もまた、一種の「人工言語」だと考えるべきではないだろうか。「人工言語」という表現に抵抗がある人に対しては、百歩譲って、現代ヘブライ語は、エスペラントと同様に「半人工言語」だと言ってもよい。「半人工言語」というのは、存在する／存在した既存の諸言語をもとに創り上げた人工言語、という意味である。

両者に一つだけ大きな差異があるとするならば、ベン・イェフダーが「ユダヤ人」たちの「父祖の言語」とされるセム語族の古代ヘブライ語に依拠して現代ヘブライ語を創出したのに対して、ザメンホフは、あえてユダヤ民族主義としてのシオニズムと訣別して、一九世紀末の当時、世界を支配していたヨーロッパの諸言語にもとづいて、エスペラントを創出したことにあるだろう。言いかえれば、ザメンホフは、同時代の「ユダヤ人」のシオニズムとは一線を画して、国際主義的な立場に立って、エスペラントを創り上げたということである。先に引用したドイッチャーの言葉を借りるならば、エスペラントは、「ユダヤ人」の民族主義を乗り超えて、「超国家的な形の社会生活」や「超国家的な人間存在の形態」の言語版を実現したと言ってよいだろう。

現代ヘブライ語と対比して、エスペラントに見られるこのような言語的特性には、シオニズムに対するザメンホフの批判的立場が反映されていると思われる。宗教史学者の市川裕は、次のように書いている。

ヘルツルの思想は、西欧のユダヤ人から総じて冷淡に受け止められ、ユダヤ人の生存を脅かすものとして反対された。反対論の主張はさまざまな方向からきた。まず、ユダヤ人を民族とみなしたことへの反対論である。ユダヤ人はとうの昔に、個別の民族たることを放棄し、各国の忠実で愛国的な市民である。フランス、ドイツ、ロシア、オスマン帝国のユダヤ人に共通の絆や利害関心などはない。それにもかかわらず、「ユダヤ民族論」を掲げることは、ドイツの国粋主義者や反ユダヤ主義者を勢いづかせ、ユダヤ人排斥に口実を与えるだけであると。

改革派ユダヤ教は、西欧の離散ユダヤ人を代表する、いわば公式宗教であった。その立場に従えば、ユダヤ教は、近代憲法にいう「宗教」に合致するものであり、信仰が基本であった。ユダヤ人の使命は「世界市民」であり、ユダヤ人の会衆は、先進国の忠実なブルジョワ市民たるべきであって、シオニズムはこれらに逆行する思想であった。(…)

シオニズムには二つの問題点が含まれていた。一つは、ユダヤ人の定義に関して民族の概念を中心にすえたこと、そして第二に、それがたんに定義上の問題としてではなく、主権国家建設という実践的な政治目標と結合して提示されたことである。しかし、そのいずれもが、大半の同化ユダヤ人にとっては、非現実的で、民族と定義したところで、国家建設など空想家の妄想にすぎず、実現の見込みはないと思われた。シオニストからみれば、まさにそういう冷淡かつ無関心な態度こそが問題だったのである。

(市川裕『ユダヤ教の歴史』、〈宗教の世界史〉、山川出版社、二〇〇九年一一月、一六二—一六三頁)

エスペラントという人工言語の成り立ちには、シオニズムに対する「改革派ユダヤ教」による批判というザメンホフの立場が映し出されていると言えそうである。その立場とは、ヨーロッパ諸国の「反セム主義」を逆手にとって、ユダヤ教徒を「ユダヤ人」という民族(ネイション)に創り換え、「ユダヤ人国家」の建設を目指すシオニズムに対して、それぞれの国家と社会に同化して、ナショナリズムを超克した「世界市民」、すなわち、コスモポリタンとして生きるという志向性である。改革派ユダヤ教徒にとっては、「ユダヤ人国家」の建設はおろか、「ユダヤ人」という民族の一体性よりも、各自が永年にわたって生きてきたヨーロッパ各国のほうが、はるかにリアリティのある存在だったに違いない。言いかえれば、ザメンホフたちは、「ユダヤ民族」への帰属意識以上に、ヨーロッパ各国、さらには「世界」や「人類」といったコスモポリタニズム的な秩序への帰属意識のほうが強かったということなのである。

しかしながら、ベン・イェフダーもまた、決して偏狭な民族主義者(シオニスト)ではなかったという事実を確認しておきたい。

アラブ人には大きな友情を感じていた。言語学の研究を通して、たいていのユダヤ人よりは、こうした圧迫されたセム系の民族のほうに、近いものを感じていた。彼らの言語を研究し、ヘブライ語のアラビア語に対する貢献、アラビア語のヘブライ語に対する貢献を知っていた。そしてアラブ人を「われわれの兄弟」と呼び、長年彼らに対して、アラブ人とユダヤ人が共に、パレスチナで自由の空気を吸う日が来るという信念を表明していた。
アラブ人のほうでも、学者で見識のある人としてベン・イェフダーを尊敬していた。大半は彼がヘブライ語を復活させたことを喜んでいた。街でその言葉を耳にするのが好きだったし、「姉妹語」だと思っていた。イーディッシュ語やラディーノ語や、ヨーロッパの言語よりずっと、自分たちの言語に近かったからだ。

(ロバート・セントジョン『ヘブライ語の父 ベン・イェフダー』(原著：一九五二年)、島野信宏訳、ミルトス、一九八八年一一月：改訂新版、二〇〇〇年九月、四二三―四二四頁)

ベン・イェフダーが生涯を賭けて夢見た「ユダヤ人国家」は、彼の死の二六年後、イスラエル国家として実現されるや否や、この国の国民語(ラング・ナショナル)の創造者の思想をただちに裏切ることになるだろう。パレスチナからアラブ人たちを追放することによって。

9 「ユダヤ人国家」の統合原理――民族か、宗教か

ここまで見てきたように、「ユダヤ人」を一つの民族(ネイション)と見なすことには、さまざまな困難が伴なう。「ユダヤ人」には、現代ヘブライ語が創造されるまでは共通の言語が存在せず、居住する国や地域も西ヨーロッパから東ヨーロッパ、ロシア、中東、アフリカから南北アメリカ大陸、オセアニアなどと広大であり、したがって、文化的背景も多種多様であった。「ユダヤ人」、実

際にはユダヤ教徒には、少なくともアシュケナジーム系、セファルディーム系、ミズラヒーム系、ロシア系、エチオピア系……という、いくつもの異質な「民族集団」（エスニック・グループ）が存在しているのである。もちろん、日本人であれ、フランス人であれ、どの民族（ネイション）も近代の所産であることは間違いないが、それにしても、「ユダヤ人」の創出には例外的といってもよい障壁が立ちはだかっていると言わざるをえない。

ちなみに、「フランス人」の歴史的起源、あるいはナショナル・アイデンティティについてひと言付け加えておくならば、これもはっきりとしているわけではない。言語に着目すれば、フランス人がフランス語を母語とする人びとの言語共同体であることは疑いえない。フランス語の祖語がラテン語であり、ラテン語が歴史のなかで変化してフランス語になったことは確かであるが、だからといって、フランス人が自分たちをローマ人の末裔と見なしているわけでは必ずしもない。逆に、フランス人が愛国心を鼓舞するときには、現在のフランスに当たる地域の先住民であり、ローマ人に征服されたケルト系のガリア人（ゴール人）を持ち出すことが多い。さらに、「フランス」という国名は、やはり現在のフランスにあたる地域を支配し、フランク王国を建国したたゲルマン系のフランク族に由来するが、フランク族は、自分たちのフランク語を被征服民に押しつけることなく、フランク族よりも文明度の高かった被征服民のラテン系の言語、すなわち古フランス語を話すようになった。とはいえ、現在のフランス人が自分たちのゲルマン起源を意識することは、ほとんどない。

このように、フランス人の歴史的起源が曖昧であることに加えて、二〇世紀に旧植民地から大量に流入した北アフリカのマグレブ諸国のアラブ人やサハラ以南のアフリカ諸国出身の人びとを別にしても、「普通のフランス人」——というものが存在するとして、だが——に尋ねてみても、両親や祖父母のいずれかが外国人、たとえば、イタリア人、スペイン人、ポルトガル人、ポーランド人などであったと答える人がほとんどである。この点では、五代、六代さかのぼっても、自分の祖先は日本人だった、少なくとも日本列島に存在していたことに疑いを差しはさまないわたしたち日本人とは、大いに事情が異なっている。

フランス革命を経て成立したフランス共和国の成立事情を振り返ってみるならば、「フランス人」というのが民族、人種、宗教などには関係なく、「自由、平等、友愛」に象徴される共和主義の理念に賛同した市民から構成されるという原則に、少なくとも建て前のうえではもとづいていることがわかる。このような考え方を〈市民的ナショナリズム(civic nationalism)〉と呼び、〈民族的ナショナリズム(ethnic nationalism)〉と対比される。一般的に、〈市民的ナショナリズム〉によって建国された国家としてフランスやアメリカ合州国、〈民族的ナショナリズム〉によって建国された国家としてドイツがあげられる。〈市民的ナショナリズム〉は一八世紀の啓蒙主義に、〈民族的ナショナリズム〉は一九世紀のロマン主義に起源を有している(Richard Kearney, *Postnationalist Ireland: Politics, Culture, Philosophy*, London and New York: Routledge, 1997 を参照)。近代国家建設にあたってドイツを模範にした日本において、〈民族的ナショナリズム〉の色彩が濃厚であることは偶然ではない。とはいえ、フランスやアメリカのように〈市民的ナショナリズム〉に建国の理念を置いている国家においても、近年の移民、とりわけムスリムの流入に伴なって、〈民族的ナショナリズム〉を掲げる極右勢力が力を増し、国家権力を左右するようになっていることは、周知のとおりである。

いずれにせよ、イスラエル国家を「民族国家」として建設することは、半ば不可能な挑戦だったと言わなければならない。はっきりと言ってしまえば、イスラエル国家は、「民族国家」というよりも、実態としてはアメリカ合州国のような「移民国家」なのである。「アメリカ人」という一つの「民族」が存在する——アメリカ国民は存在するにせよ——と考える人は、まずいないだろう。アメリカが民族国家ではなく、「人種の坩堝(るつぼ)」という表現によって特徴づけられる移民国家であるとすれば、イスラエル国家もまたもう一つの移民国家であり、「人種の坩堝」であると考えたほうが正確なのである。

中東地域研究者の臼杵陽も、次のように書いている。

イスラエルは新しい移民の国である。イスラエルの街を歩いていると、日本人であってもヘブライ語で道や時間を尋ねられることがある。相手が誰であっても、とにかくイスラエルにいればヘブライ語がしゃべれるはずだということが前提になっているのであろう。今でもイスラエルへの新たな移民の波は続いている。世界中の地域からユダヤ人がイスラエルに集まってきている。イスラエルは、移民国家であるアメリカ合衆国と同じように「人種の坩堝」などとい

われたりもする。（臼杵陽『イスラエル』、岩波新書、二〇〇九年四月、二頁）

ただし、「日本人であってもヘブライ語で道や時間を尋ねられることがある」のは、イスラエルに限った現象ではない。わたしの経験でも、生まれて初めてフランス、パリに足を踏み入れた最初の日に、さっそくフランス語で時間を訊かれたことがある。日本人であれば、わざわざ「外国人」に時間や道を尋ねたりはしないだろうが、旧植民地出身のアラブ人やアフリカ人が多く、やはり「人種の坩堝」であるフランスでは、「外国人」であっても、フランス社会を構成するメンバーと見なされているのである。

「民族国家」として建設することが困難ないし不可能である国家の場合、国民統合をはかるためには民族主義（ナショナリズム）よりも普遍的な理念や原理に依拠する必要が出てくるだろう。多種多様な諸民族を抱え込んだソ連の場合は、社会主義、すなわちマルクス・レーニン主義というイデオロギーによって国民統合をはかり、成功したかどうかは定かではないが、「ソヴィエト人」を創り出そうと試みた。一九七九年、ホメイニーを指導者とするイラン革命が依拠したのは、イラン人（ペルシャ人）の民族主義ではなく、シーア派イスラームという、より普遍的な、すなわち、一民族を超えて多民族に通用する宗教であった。したがって、イランの革命は正式には「イラン・イスラーム革命」と呼ばれ、革命により樹立された国家の正式名称は「イラン・イスラーム共和国」であった（小山茂樹『ホメイニーからビン・ラーディンへ――〝アメリカvs.イスラーム〟米政策の破綻』、第三書館、二〇一一年一一月を参照)。イラン・イスラーム共和国がイラン・ナショナリズムを超えるイスラームという世界宗教によって国民統合をはかった背景の一つとしては、現実のイランが多民族・多言語国家であるという事情が存在したのではないかと考えられる。

イランの総人口の内で公用語のペルシア語を母語とする人口は約半分に過ぎない。そのほかは少数民族の言語を母語とし、家庭ではそうした言語を使いながらも、学校や職場などの公的な場面ではペルシア語を使うバイリンガル(二言語生活者)である。イランの東北部から順に時計回りに重要な少数民族を見回すとアフガニスタン国境に近い東北地方にはトルコマン人が、東南部のパキスタン国境にはバローチ人が、西南部にはアラブ人がおり、そして西北部にはクルド人とアゼルバイジャン人がいる。

(高橋和夫『イランとアメリカ――歴史から読む「愛と憎しみ」の構図』、朝日新書、二〇一三年三月、一五八頁)

日本人の感覚では、イランにはイラン人(ペルシャ人)がいてペルシャ語を話し、トルコにはトルコ人がいてトルコ語を話すというものであろうが、トルコ系の民族はイランにもいるのである(その他、カフカース諸国、中央アジア諸国、ロシア、中国など数多くの国々にもいる)。イランにトルコ系の民族が存在するのは、一六世紀から一八世紀にかけてイランの地を治め、オスマン帝国とイスラーム世界の覇権を争ったサファヴィー朝が、チンギス・ハーンの血筋を引き、アゼルバイジャンを基盤とするトルコ系の民族が樹立した国家だったからであろう(永田雄三/羽田正『成熟のイスラーム社会─世界の歴史15』、中央公論社、一九九八年一月:中公文庫、二〇〇八年五月を参照)。そもそも、一九二五年にパフラヴィー王朝が採用した「イラン」という国号は(「ペルシャ」は、ギリシャ人による他称である)、「アーリア」を語源としており、古代アーリア民族の栄光を復活させようと目論んだものだったが、アーリア民族主義が、アルタイ語族のトルコ語やアゼルバイジャン語の話者やセム語族のアラビア語の話者といった少数民族の支持を得られるはずもなかった(青木健『アーリア人』、講談社選書メチエ、二〇〇九年五月、二三一―二三三頁を参照)。いずれにせよ、おそらくこのような多民族・多言語国家という事情のもとで、ホメイニーには、イランという国家をアーリアという言語・民族よりも、イスラームという普遍的な宗教という原理のうえに据え直す論理的必然性があったと考えられる(高橋和夫『アメリカのイラク戦略──中東情勢とクルド問題』、角川oneテーマ21、二〇〇三年二月、一六二―一六四頁も参照。イランのペルシャ人以外の少数民族の実態については、春日孝之『イランはこれからどうなるのか──「イスラム大国」の真実』、新潮新書、二〇一〇年九月が詳しい)。

イランがときに「イスラーム原理主義国家」などと呼ばれるのは、大多数の近代民族国家が基礎を置いているナショナリズムとは異質な、そしてより普遍的なイスラームという世界宗教に基礎づけられているからに違いない。しかも、イランには、多数派のムスリム以外に、ゾロアスター教徒、ユダヤ教徒、アルメニア人とアッシリア人からなるキリスト教徒、そしてバハーイー教徒という、人口比三パーセントにも満たない宗教的少数派が存在するのだ。ちなみに、『イラン・イスラーム共和国憲法』では、一二イマーム・シーア派を国教に定めているが、ゾロアスター教、ユダヤ教、キリスト教も公認の宗教として認め、信仰の自由を保障しているという（桜井啓子『現代イラン――神の国の変貌』、岩波新書、二〇〇一年七月、七四頁）。イランは、このような複雑な多様性を包摂したうえでの「イスラーム原理主義国家」なのである。

だとすれば、「ユダヤ人国家」を自認しながらも、その実態が多民族・多言語の移民国家であるイスラエル国家の場合も、ナショナリズムよりも普遍的な宗教に国民統合の原理を据えて、「ユダヤ教原理主義」とでもいうべき色彩が濃厚な国家であるのではないかと推測しても、決して的はずれではあるまい。ちなみに、「原理主義（ファンダメンタリズム）」とは、元来、『聖書』の記述を文字どおりに解する、アメリカのプロテスタントの福音派（Evangelicals）を指すために作られた用語・概念であり、事後的にイスラーム主義にも適用されるようになったものである（大塚和夫『イスラーム的――世界化時代の中で』、ＮＨＫブックス、日本放送出版協会、二〇〇〇年一一月；講談社学術文庫、二〇一五年七月を参照）。これらから類推するならば、イスラエル国家は、その誕生からも、その本質からも、「ユダヤ教原理主義」的な国家であると考えるのが自然であろう。「ユダヤ人」という民族は、実態としてはさまざまな民族集団（エスニック・グループ）にまたがるユダヤ教徒にほかならず、ユダヤ教という宗教以外に、多種多様な出自をもつイスラエル国民を統合する原理は考えられないからである。

ところが、現実はそうではないというのだ。どういうことなのか。

ユダヤ教徒と聞いてわたしたちが思い浮かべるのは、長く黒いフロックコートを身にまとい、頭に黒い山高帽をかぶり、髭を生やし、編んだ長い髪をたらした男性たちであろう。わたしは、パリのマレ地区でこうした出で立ちのユダヤ教徒をよく見かけたし、ニューヨークにも少なくないという。こうした人たちは「超正統派（ウルトラ・オーソドックス）」と呼ばれるユダヤ教徒であるが、イスラエル国家の「ユダヤ人」の一五パーセントを占めるにすぎないという。

一九七〇年代から中東を取材してきたジャーナリストの芝生瑞和は、次のように書いている。

彼らの目には、多くのユダヤ人は充分に戒律を守っておらず、信心がたりないと映る。しかしその超正統派にとり、意外にもイスラエル国家の再建は宗教的にはあまり関心のあることではない。メシアが現れ、ユダヤ律法による支配がすべてに行き渡ってこそ、理想の社会ができる。ユダヤの理想社会はそのとき自然に成立すると信じているのだ。

だから、あまり知られていないことだが、彼らはシオニズムを認めてはいない。シオニズムの創始者ヘルツルも、イスラエル建国の父、ベングリオンも世俗の指導者だった。彼らはユダヤ教徒としての戒律を守ったり義務を果たしてはおらず、超正統派にとっては不信心者だった。超正統派はイスラエルに移住してきたものの、イスラエル国家の建国記念日を祝わないし、イスラエル国旗すら認めていない。国民皆兵制のもとで、十八歳になると男は三年間、女は二年間の兵役の義務があるのだが、それも免除されている。

宗教的に超正統派は最右翼と見ることができるだろう。しかし奇妙なことに政治的には必ずしもそうではない。オスロ合意にさいして、著名な超正統派ラビには〔ヨルダン川〕西岸とガザの返還についてはハト派的立場をとる者が多かった。特定の領土に固執するよりは、トーラ〔トーラー〕によって生きることが第一義だったのだ。

（芝生瑞和『パレスチナ』、文春新書、二〇〇四年三月、一四〇頁）

したがって、イスラエル国家を建国したシオニストたちも、現在国家権力を握っている多数派のシオニストたちも、敬虔なユダヤ教徒でもなければ、ユダヤ教原理主義者でもないというのである。ユダヤ教の立場からシオニズム、およびシオニストが建国したイスラエル国家をラディカルに批判し、告発しているのは、ソ連のレニングラードに生まれ、現在、カナダ、ケベック州モンレアル（モントリオール）大学で歴史学を講じているヤコヴ・M・ラブキン（Yakov M. Rabkin, 1945- ）である。ユダヤ教に自身のアイデンティティの根拠を置く伝統的なユダヤ教徒として、ラブキンは、シオニズムとそれが生み出したイスラエル国家を激烈に批判せずにはいられないのだ。

わたしたちは、以上において、「ユダヤ人」と呼ばれる人びとが、実際には多種多様な民族・言語共同体から構成されるユダヤ教徒であることを確認した。ユダヤ教は、「世界宗教」としてのキリスト教と対比して「民族宗教」と見なされてきたが、実際には異民族・異教徒からの改宗者が少なからず存在した「半世界宗教」だったからである。また、すでに見たように、『旧約聖書』の執筆言語である聖書ヘブライ語はイエスの時代においてすでに死語になっており、現代ヘブライ語は、一九世紀末にベン・イェフダーが創り出した半人工言語であった。ところが、ラブキンが明るみに出したことのなかでもっとも衝撃的なことの一つは、「非宗教的ユダヤ人」なるものが浮き出してきたという事実であり、しかも、それを生み出したのがほかならぬシオニズムだという事実なのである。なお、ラブキンの著書の訳者が「非宗教的」と訳している原語は、フランス語の laïc（英語の secular）であり、通常は「世俗的」と訳されている言葉である。訳者は「宗教的」との対立を鮮明にするために、「世俗的」よりも「非宗教的」という訳語を選んだと書いている（ヤコヴ・M・ラブキン『トーラーの名において——シオニズムに対するユダヤ教の抵抗の歴史』（原著：二〇〇四年）、菅野賢治訳、平凡社、二〇一〇年四月、「訳者あとがき」を参照）。

ユダヤ教の指標なくしては、これらのユダヤ人——現在、ユダヤの民のなかで多数派を占める人々——の存在自体、先立つ数千年の歴史とのあいだの断絶以外の何ものでもあり得ないのです。彼らがユダヤ教とのあいだで具体的な絆、経験的に観察可能な絆を失ってしまった以上、彼らの追い求める民族的アイデンティティーは、いわばそれ自身のためにしか存在しないアイデンティティーです。

無神論のイスラエル人は、普段、自分自身にユダヤ教との関係が欠け落ちていることなど、まったく気にも留めていません。彼らの自己イメージは、彼らが身を置いている境遇の型、つまりイスラエルに住み、ヘブライ語を話し、そしてイスラエル国防軍の徴兵に応じる人間というところで完結しています。こうして彼らは、時折、街路ですれ違う長い髭のユダヤ教徒たちよりも自分たちの方が優れたユダヤ人であるとの思いのうちに日々を暮らしているわけです。
（ヤコヴ・M・ラブキン『イスラエルとは何か』、菅野賢治訳、平凡社新書、二〇一二年六月、一二二頁）

その本質がヨーロッパに由来する近代ナショナリズムである以上、シオニズムは、ユダヤ教の伝統と断絶しているのだという。このようなシオニズムが生み出したのは、大量の「非宗教的なユダヤ人」にほかならないのである。しかし、それはイスラエル国家の「ユダヤ人」に限ったことではない。わたしが一九八六年から一九八九年にかけてパリに留学していたとき、フランス人の友人・知人の三、四割程度を「ジュイフ」が占めていた。率直にいって、非常に多い。ポーランド系の「ジュイフ」が多かった。だが、「ジュイフ」といっても、彼らは外見的にも生活習慣においても、「普通のフランス人」と何ら異なるところはない。彼らが「ジュイフ」だと称するのは、単に「ユダヤ人」の家系に連なっているということを意味しているにすぎず、「ユダヤ人」よりも「フランス人」というアイデンティティ意識のほうがはるかに強いように見うけられた。パリのマレ地区に住む「超正統派」のユダヤ教徒は、フランスの「ジュイフ」のなかでもごく少数派にすぎないのだ。わたしは、短期間だが、マレ地区に住む「超正統派」に違いない女の子とつきあったことがあった。彼女は、「普通のフランス人」とは異質な雰囲気を放っていた。優秀で聡明だが、非常に貪欲なところがあった。

ただ、驚くべきなのは、自分が「ジュイフ」だとか、彼女が「ジュイーヴ」だとかいうことを、誰もがためらわずに口にすることだった。日本ではいまだに被差別部落出身者や在日朝鮮人が出自を隠していることが少なくない――たとえば、在日朝鮮人でありながら、「日本名(通称名)」で活動している芸能人が数多くいるし、特定の政治家が被差別部落出身であることを暴露することは、タブーである――ことと比較すると、フランス社会における「ジュイフ」は、もはや被差別者ではなくなっていると言えるのかもしれない。「ジュイフであること」は、フランス社会においては、一個人が身にまとっている数々の社会的属性の一つにすぎないようであった。言いかえれば、フランスの「ジュイフ」は、フランス社会に完全に同化しているということだろう。

再び、ヤコヴ・M・ラブキンに戻ろう。

「新しきヘブライ人」の構想自体、本来、トーラー(ヘブライ語で「教え」の意味。狭義ではユダヤ教の『聖書』――キリスト教の『旧約聖書』――のモーセ五書を、広義ではユダヤ教の『聖書』の全篇に加えて、口伝トーラー(ミシュナー、タルムード、ミドラシュ、その他の『聖書』註解や実践的な諸史料）をふくむユダヤ教の規範的テクストの総体）がユダヤの民に教え諭そうとしているところの対極に位置するものでした。リトアニア派ユダヤ教の代表格と目されたラビ、エルハナン・ヴァセルマン（…）は、しきりに嘆いたものです。「今日、ユダヤ人に求められているのは民族感情のみとなっている。（…）」

「パレスティナ首席ラビ」、アヴラハム・イツハク・クークも、〈イスラエルの地〉への帰還が新たな非宗教のヘブライ人を伝統に再接近させる契機になることを切に望んでいました（…）。当初こそ、ロシアにおけるスラブ・ナショナリズムに鼓舞された「土地」に対する憧れをもって、農業生産の次元での奇蹟を成し遂げてみせようと、意気揚々、渡ってきた開拓者たちであっても、追々、その土地から何らかの神秘的な感化を受け、ユダヤ教に回帰するのではないか、との見込みがクークにはあったのです。しかし、一世紀後の今日、彼の思惑は期待外れに終わったというほかありません。（…）言語も、〈イスラエルの地〉そのものも、ユダヤ教の伝統に連なる人間としての意識を高めることには寄与せず、逆に一部の観察者が認めたように、「脱＝ユダヤ教化」がこれほど徹底して進行した場所としてイスラエルをおいてほかにないといわれるまでになったのです。

改革派のラビでヘブライ大学の学長もつとめたイェフダー・マグネス（一八七七―一九四八）も、パレスティナ移住後の数十年間を振り返って、「新しいタイプのヘブライ人たちのあいだで、イスラエルの精神に忠実なユダヤ人として生きることがますます難しくなっている」と苦々しく述べています。イスラエル賞受賞者、アディン・シュタインザルツ（一九三七年生）は、著名な思想家にしてタルムードの翻訳でも知られるラビですが、彼によれば、イスラエル国民はユダヤ教独特の内実を完全に欠落させており、その思考形態と生活様式をこのまま保持していくとすれば、あらゆる非ユダヤ教徒の国民よりもユダヤ教的であることがさらに少ない国民になってしまうにちがいないといいます。（…）

伝統的なユダヤ教にもとづくアイデンティティーに取って代わったイスラエル人アイデンティティーをめぐる議論の中心を占めているのが、この、もはやユダヤ教とは何の関係ももたないユダヤ人をもっぱら民族として維持していくことの価値いかんに関わる問いなのです。シオニズムの心理史を描き出したある著者は（みずからラビでも敬虔なユダヤ教徒でもない立場にありながら）、ユダヤ人は、神との関係を破棄したことで、かつて所有していたユダヤ人アイデンティティーとしての唯一の弁別指標を手放したと結論づけています（…）。いきおい、新しいユダヤ・アイデンティティーは別の共通分母を見つけ出さねばならず、そして、イスラエル国の安全保障をめぐる終わりなき憂慮こそが、イスラエルの内でも外でも、その共通分母の役割を果たすにいたったのです。

（前掲書、一二二―一二五頁）

なるほど、イスラエル国家の「ユダヤ人」の多数派は、敬虔なユダヤ教徒からはほど遠く、本質的に民族主義者にして国家主義者という二重の意味でのナショナリストだったのだ。しかし、イスラエル人が敬虔なユダヤ教徒でなくとも、少なくとも『旧約聖書』その他のユダヤ教の教典に日頃から親しんでいたならば、唯一神ヤハウェがユダヤ民族に課した律法を大切にするはずだし、その結果として、国内外のパレスチナ・アラブ人に対する差別的で暴力的な行動は抑制するのではなかろうか(とはいえ、小坂井澄『ユダヤ人 復讐の行動原理』、講談社+α新書、二〇〇三年三月は、ユダヤ人の行動原理が、『旧約聖書』の時代から今日まで一貫して不変であると指摘している)。アメリカの共和党の有力な支持層であり、「敬虔なキリスト教徒」を自認する福音派(エヴァンジェリカルズ)——いわゆるキリスト教原理主義者——も、狂信的なほどイスラエル国家を支持しつつ、異教徒、とくにムスリムを敵視する点で有害きわまりないが、非宗教化＝世俗化されすぎたイスラエル人というのも、これまた有害な存在だと言わざるをえない(福音派については、高橋和夫『パレスチナ問題の展開』、〈放送大学叢書〉、左右社、二〇二一年三月、三六九—三七〇頁を参照)。

しかし、わたしがもっとも心配するのは、「ユダヤ教の信徒集団」という定義をはずしてしまうならば、「ユダヤ人」を一つの共同体に統合する原理が完全に失なわれてしまうのではないか、ということである。「非宗教的なユダヤ人」なるものは、いったい何を根拠に「ユダヤ人」としてのアイデンティティを主張できるのだろうか。新しい歴史学によって現代の「ユダヤ人」の大多数が古代ユダヤ人の血統を継ぐことが否定された以上、ユダヤ教以外に「ユダヤ人」のアイデンティティの根拠はどこにあるのだろうか。

ここで本書の背景をなすものとして、『ユダヤ人の歴史』の著者ポール・ジョンソンが、イギリスのユダヤ系哲学者レオン・ロスを引用しながら述べている箇所を引用しておきましょう。

「歴史家はもう一つの事実を忘れてはならない。それはユダヤ教が、全体として、ユダヤ教徒をすべて合わせたよりも偉大な存在であり続けたことだ。ユダヤ人を創り上げたのはユダヤ教である。ユダヤ人がユダヤ教を創ったのではない。［……］まずユダヤ教ありきだ。ユダヤ教は成果ではなく計画である。ユダヤ人は計画成就の手段である。」〈ポール・ジョンソン『ユダヤ人の歴史』石田友雄監修、徳間書店、下巻、四五六頁〉

さらに、十九、二十世紀のユダヤの民をめぐるあらゆる議論に通底する複雑さを理解するためには、先に見た非宗教化という現象――すなわちユダヤ教徒が「トーラーとその戒律の軛」をかなぐり棄てること――を正しく理解しておかねばなりません。これにより、以後、「ユダヤ人であること」と「ユダヤ教徒であること」とのあいだに決定的な亀裂が生じることとなったのです。十九世紀以前には、「ユダヤの者」を指し示すに当たって「ユダヤ教に由来するいくつかの原則に日々の行いを準拠させている者」という規範的なコノテーションに依拠することができました。つまり、その名に該当する人間集団の公分母はあくまでもユダヤ教だったわけです。（…）

中央ヨーロッパや西ヨーロッパのユダヤ教改革運動――たとえば、ユダヤ教を廃棄することなく、それに変化を加えていこうとする改革派シナゴーグ——とは異なり、東ヨーロッパにおける改革運動は、各人から宗教上の責任の観念をことごとく拭い去ることを主眼とするものでした。ヨーロッパに見られたこの非宗教化という現象が、ユダヤ・アイデンティティーを根本から塗り替えてしまいます。以後、ユダヤ・アイデンティティーは規範的な意味合いを失い、もっぱら記述的なものとなりました。つまり、伝統的なユダヤ教徒が、みずから行うこと、行わねばならぬことによって他から区別されるのに対して、新手のユダヤ人は、特定の待機や希求から完全に切り離され、もっぱらその者が「そうであるところのもの」をもってユダヤの名を名乗ろうとするのです。「ユダヤ人」という言葉のこの新しい意味は、図らずも、反ユダヤ主義を掲げる人種差別主義者たちが採用する語義に非常に近いものとなってしまったのです。こうして、十九世紀以降、ユダヤの民を正確に定義づけることがきわめて困難になりました。かつて民の第一義的なアイデンティティーを構成していた共通の特徴、つまり、敬虔なユダヤ教徒の日常生活のなかで過たずに具象化されるトーラーの戒律の実践が、ほとんどのユダヤ人のもとで失われてしまったためです。ここで戒律の実践とは、人間の内部にあって外部の目からは隠されている信仰心などとは異なり、経験的に観察され得る事象です。

（前掲書、一六八—一七〇頁）

とはいえ、『旧約聖書』に描かれている古代イスラエルの民にしても、「純粋な民族」であったわけではなく、複数のエスニック・グループが混血してできあがった、ハイブリッドな集団だったことが定説になっている。英国の宗教学者、カレン・アームストロングの言葉を借りるならば、《聖書が明らかにしているように、われわれの知る古代イスラエル人とは、さまざまな人種集団の連合であり、基本的にモーセの神であるヤハウェに対する忠誠によって結びついていた》のである(T・ウォレス＝マーフィー／M・ホプキンス『イエスの血統――レクス・デウスと秘められた世界史』(原著：二〇〇五年)、松田和也訳、青土社、二〇〇六年四月、六〇頁)。

たとえば、最晩年のフロイトは、遺著『モーセと一神教』(一九三九年)のなかで大胆な仮説を提示したことで知られている。大国エジプトで奴隷状態に置かれていたイスラエルの民を引き連れ、エジプトを脱出した預言者、モーセがエジプト人だったのではないか、という仮説である。フロイトは、モーセ＝エジプト人と考えなければ、宗教といえば多神教しか存在しなかった古代地中海世界で、なぜイスラエルの民が唯一神ヤハウェへの信仰、すなわち一神教という特異な宗教を信仰するにいたったのか、説明がつかないと考えたのだ。というのは、エジプトには、短期間ではあるが、アクエンアテン王が従来の多神教を廃止して、アテン神への唯一神信仰を断行した時期があったことが知られており、モーセは、アクエンアテンから影響を受けて唯一神ヤハウェを信仰する一神教を創り出した、と考えるのが妥当だからである。フロイトの仮説を実証的に証明することは難しいようだが、そのようなことがあったとしても決して不思議でないとは考えられている(メソド・サバ／ロジェ・サバ『出エジプト記の秘密――モーセと消えたファラオの謎』(原著：二〇〇〇年)、藤野邦夫訳、原書房、二〇〇二年四月、小坂井澄『キリスト教2000年の謎』、講談社+α新書、二〇〇〇年三月、本村凌二『多神教と一神教——古代地中海世界の宗教ドラマ』、岩波新書、二〇〇五年九月、山我哲雄『一神教の起源——旧約聖書の「神」はどこから来たのか』、筑摩選書、二〇一三年八月、坂井洋一『エンペラーコードが明かす日本の始まりはシュメール——ついに明らかになったこの国のルーツ/第二波でバビロニア・エジプトが来た!』、ヒカルランド、二〇一六年六月を参照)。

ハイブリッドな集団である点では他のすべての民族と変わりがないが、先に見たように、『旧約聖書』時代の古代イスラエルの民を本来の意味での「ユダヤ人」と呼んでも問題はあるまい。彼らは、ユダヤ教という一神教とヘブライ語(厳密には聖書ヘブライ語)という民族語によって、一体感のある民族集団をなしていたからである。この時代には、ユダヤ人とユダヤ教徒とのあいだにはいっさい乖離がなかった。

しかし、紀元後一世紀、『新約聖書』に描かれるイエスの時代になると、すでに見たように、パレスチナの地にとどまっているユダヤ人も、ヘブライ語ではなくアラム語の母語話者になっていたし、ローマ帝国が支配する地中海世界の西方に移住したユダヤ人は、アラム語も話せず、地中海世界のリンガ・フランカであるギリシャ語の話者になっていた。しかも、ユダヤ人のなかから、イエスの弟子のペトロたちはもちろんのこと、イエスを直接には知らなかったパウロのように、イエスをメシア=キリストと信じて、ユダヤ教から初期キリスト教を生み出す者たちが現われ出てくる。

そして、キリスト教に改宗した者たちは、たとえユダヤ人の血筋を引いていても、「ユダヤ人」とは呼ばれず、「キリスト教徒」と呼ばれるようになる。もちろん、ユダヤ人の多数派はユダヤ教の信仰にとどまっていた。したがって、この時代からすでに、ユダヤ人の定義において第一義的な意味をもつのは、言語でも血統でもなく、ユダヤ教の信仰、すなわち宗教だけになり始めていたのである。

さらに、中世から近代にかけては、本来の意味でのユダヤ人とは血統的には何のつながりもない、トルコ系遊牧民族が支配するハザール王国がユダヤ教を国教に採用し、ドイツから東欧・ロシアに居住したアシュケナジーム系ユダヤ教徒がハザール人の末裔である可能性が高いことから、「ユダヤ人」とは、古代ユダヤ人の末裔ではなく、明らかにユダヤ教の信徒集団を意味するようになった。すなわち、フランス語の「ジュイフ」や英語の「ジュー」ないし「ジューイッシュ・パーソン」は、正確には「ユダヤ教徒」を意味するようになったのである。

ところが、一九世紀にヨーロッパに台頭した「反セム主義（アンチセミティズム）」がユダヤ教徒を「セム人種」として実体化し、差別したために、「ユダヤ人」が「アーリア人」とは異なる人種として存在するかのような錯視が蔓延し、それを逆手にとる形で、シオニストたちが「ユダヤ人」自身の民族国家（ネイション・ステイト）を建設しようではないかという運動＝シオニズムを開始したのであった。しかしながら、実際の「ユダヤ人」は、多種多様な民族・人種からなる不均質な集合体にすぎなかったから、ユダヤ教の信仰と実践、すなわち宗教を抜きに「ユダヤ人」のアイデンティティの根拠をどこに求めればよいのか、というラブキンのシオニズム批判、イスラエル国家批判の問題意識は、至極まっとうだと言わなければなるまい。

たしかに、イスラエル国家の「ユダヤ人」にかんしては、現代ヘブライ語の言語共同体として定義できるかもしれない。しかし、一方では、ヘブライ語を習得しようという意欲をもたない「ロシア系「ユダヤ人」」が存在する。他方では、イスラエル国家の人口の二割を占めるイスラエル国籍のパレスチナ人も、さらには、パレスチナ自治区からイスラエル国家に通勤しているイスラエル国外のパレスチナ人も、アラビア語と現代ヘブライ語のバイリンガルである。つまり、現代ヘブライ語の言語共同体と外延を等しくしているのは、「ユダヤ人」ではなく、パレスチナ人をふくむ「イスラエル人」——あるいは、こういう言い方が許されるならば、「ユダヤ人」をふくむ「パレスチナ人」——だということなのである。それに対して、全世界に散在している「ユダヤ人」のなかで、ヘブライ語の母語話者がほとんど存在しないどころか、ヘブライ語の基礎的知識をもっている者さえごく少数であることは、疑いえない。自身が「ユダヤ人」であるというアイデンティティ意識をもっている人は、アメリカやフランスをはじめ多くの国々に存在するが、彼らは英語やフランス語などの母語話者であって、現代ヘブライ語の言語共同体に属しているわけではないのだ。

ラブキンは、次のように書いている。

〝ユダヤ史はすべからくシオニズムをその終着点とすべし〟という目的論としてユダヤ人の歴史を提示しようとする政治的な著作は無数に存在します。（…）この目的論的な歴史観のもとでは、とりわけ過去数世紀をつうじてユダヤ人を苦しめてきた迫害と追放が前面に押し出されます。そして、古来、ユダヤ教が人間の苦しみについて培ってきた解釈の図式をそこからすっぽりと抜き取った上で、人々に閉塞と絶望の感情を植えつけ、そこから抜け出すためには集団的な自己解放に訴える以外にないと教え諭すのです。こうしてシオニズム的な歴史記述は、ユダヤ人の全史を「不可欠にして不可避の仕方で」イスラエル国の建国へと収斂させてきました。

これに対して、イスラエルの一部の歴史家やジャーナリストは、おおよそ一九八〇年代から、自国の建国神話に真っ向から挑戦する主旨の論考を発表するようになっています。（…）

今日、イスラエルの「新＝歴史家」と呼ばれる人々を中心として進行しているシオニズム史の脱＝神話化作業は、シオニズムを受け入れることのできないユダヤ教徒たちのもとでも一定の反響を見出しています。実際、シオニズム運動に深くとりついてきた軍事優先主義、第二次大戦期のユダヤ人絶滅作戦に対するシオニストたちの無関心、もしくは共犯性（…）、そして、独立後のイスラエルにおいて移民たち――たとえば、先に見たイエメンからのユダヤ移民――に対して行われてきた「文化的ジェノサイド」などを告発する点において、「新＝歴史家」たちの結論とシオニズムに異議を唱えるユダヤ教の実践者たちの考察には共通点が少なくありませんでした。(…)

(…)イスラエルの建国神話に疑問を投げかける歴史学の新しい動向に対し、それは「自滅と集団自殺」以外の何ものでもない、との酷評を絶えず浴びせかけているのがナショナリストたちの陣営です。かつて非宗教をモットーとするユダヤ・ナショナリズムは、ユダヤ人を〈イスラエルの地〉に結びつける絆をあらゆる手段を用いて証明しようとしましたが、シオニズムの初期数十年を特徴づけたこのロマン主義が色褪せるにつれ、ある時期以降、シオニズムの正当化、ひいてはその賛美のためにユダヤ教の源泉を活用しようとするナショナリズム的なユダヤ教の潮流が形をなし、影響力を拡大させています。イスラエル・ユダヤ人の大部分はその政治的立場を支持しているわけではありませんし、ましてやその信仰心を共有しているわけでもまったくないのですが、この民族ユダヤ教の潮流は、少なくとも一九六七年の占領地への入植を是とし、それを実際に行うという立場をイスラエル・ユダヤ人の大部分に認めさせることには成功しています。(…)

いずれにせよ、世界中のユダヤ人、ユダヤ教徒が共通の起源に連なっているとか、聖書に登場するユダヤ人(びと)の末裔である、といった主張自体が、今日、大いに疑問に付されるようになっています(シュロモ・サンド『ユダヤ民族はいかに発明されたか?』、二〇〇八年〔邦訳『ユダヤ人の起源——歴史はどのように創作されたのか』高橋武智・佐々木康之・木村高子訳、武田ランダムハウスジャパン、二〇一〇年〕)。イスラエルの歴史家、イスラエル・バルタルの言によると、「ユダヤ人の祖国追放の神話は、せいぜいポップ・カルチャーの領域で健在ぶりを発揮するのみであって、歴史家の真剣な議論においてはもはやほとんど居場所を失っている」ということです。（前掲書、一七八―一八三頁）

ここで、ラブキンのシオニズム批判、シオニストが建国したイスラエル国家に対する批判が、今日の世界に存在する「ユダヤ人」たちが、古代ユダヤ人の血筋を引く末裔などではないことを明らかにし、シオニズムが捏造した神話を破壊した「新しい歴史家」の一人、シュロモー・サンドの歴史学の仕事と合流しているのを確認できることは、決して小さなことではない。つまり、ラブキンも、サンドとともに、「ユダヤ人」という民族が実体として存在しているという、シオニズムのイデオロギー的歴史観を退けているということである（シュロモー・サンド『ユダヤ人の起源――歴史はどのように創作されたのか』（原著：二〇〇八年）、高橋武智監訳、佐々木康之／木村高子訳、浩気社、二〇一〇年三月：ちくま学芸文庫、二〇一七年七月を参照）。ただし、「非宗教的なユダヤ人」が多数派であるイスラエル国家では、サンドがユダヤ民族の唯一の起源神話を破壊するにあたって持ち出したハザール王国の研究が近年までタブーであったという。それを認めると、「ユダヤ人」の故郷がパレスチナ（エレツ・イスラエル）だけではなく、カスピ海と黒海のあいだにもあり、「ユダヤ人」の起源が複数存在することになってしまい、「ユダヤ人」が単一民族であるという神話が揺らいでしまうからにほかならない。ただし、最近になってイスラエル国家でも解禁されたハザールをめぐる論議は、「非宗教的なユダヤ人」にとっては大問題であるが、「宗教的ユダヤ人」(超正統派)にとっては痛くも痒くもないらしい。彼らにとってはユダヤ教の『聖書』――キリスト教の『旧約聖書』――が記述していることが真実のすべてであり、歴史学や考古学が何と言おうと関係ないという立場に立っているからである(広河隆一『パレスチナ 新版』、岩波新書、二〇〇二年五月、二一七―二一八頁を参照)。

本質的に近代主義者・世俗主義者であるシオニストたちは、ユダヤ教という本来のアイデンティティの根拠から切り離された「非宗教的ユダヤ人」を大量に生み出しながらも、他方では、ユダヤ教の『聖書』その他の教典にもとづいて、古代イスラエルのユダヤ民族という唯一の起源が存在し、そこから近現代の「ユダヤ人」たちが派生し、全世界に離散していったという「ディアスポラ」の神話的歴史観に依拠することによって、「ユダヤ人」の民族国家(ネイション・ステイト)としてのイスラエル国家の建国を正統化しているのである。しかし、「新しい歴史学」によってこのような歴史観が科学的根拠を欠いたイデオロギーにすぎないことが判明した以上、ユダヤ教の信仰と実践に生きるユダヤ教徒というアイデンティティを回復しないかぎり、「ユダヤ・アイデンティティ」の内実が空虚なものになってしまうことは疑いえない。だから、宗教を復権せよ、とラブキンは警鐘を鳴らしているのである。

シオニズムに内包された反ユダヤ教的な側面に敏感に反応したウィーンの歴史家にして有力

なラビ、モーリッツ・ギューデマン（一八三五—一九一八年）は、すでに一八九七年の第一回シオニスト会議の時点で、ユダヤの民をその一神教信仰から分離させようとする試みをことごとく批判していました。彼によれば、トーラーは、領土、政治、民族に関わるいかなる思惑からも自律していなくてはならないとされます。ユダヤの民は、かつてバビロン捕囚をもって一つの「信徒の共同体」になった。ここでユダヤの民が、みずからの性格に他の民族性と同様の排他性を付与する異教世界の概念に後戻りしてしまえば、それはそのまま、集団的同化によるユダヤ人の自滅の一形態を意味するというのです。そもそもギューデマンにとって、ナショナリズムのアプローチは一個の形容矛盾にほかなりませんでした。なぜなら、人は、同時にユダヤ教徒であって自由思想家（無宗教者）であること、つまり、同時にユダヤ人であって非ユダヤ人であることはできないからです。（…）

ロシアを別とすれば、シオニズムに対してもっとも鋭い批判を浴びせたのは東ハンガリーと西ガリチアのハシード〔「敬虔な者」の意味。一八世紀ロシアに興った神秘主義的なユダヤ教刷新運動の信奉者〕たちでした。（…）こうした反シオニズムの拠点のなかでもとくに重要な役割を果たしたのが、サトマール（現ルーマニア、サトゥ・マーレ）出身者を主体とするハンガリー・ユダヤ教徒の集団でした。（…）

（…）そして、そのサトマールのレッペ〔ヘブライ語の「ラビ」に相当するイディッシュ語。ハシード派の指導者〕が、シオニズムをメシア信仰の根本からの否定、すなわち人為によって

〈聖地〉を奪取することはしないという神との約束を破棄するものとして異端視しているのです。その後、サトマール派は、ナチスによるジェノサイドをシオニズムの行動に対する神の懲罰ととらえることによって、シオニズムに対する批判をさらに強化しました。サトマール派がとくに一般世論に訴えようとしているのは、シオニストたちがこの世の全ユダヤ人、全ユダヤ教徒の名のもとに物事を語っているわけでは断じてないという点です。このように、あたかもユダヤ世界をそのまま代表しているとでもいうかのごときシオニズム諸集団の自負を攻撃の対象とすることにより、一般に広く行き渡ってしまった「ユダヤ教すなわちシオニズム」、「ユダヤ教徒とイスラエル人は一心同体」という謬見を粉砕しようとしているのです。こうして、サトマール派、ならびに他のユダヤ教・反シオニズム集団に与する人々は、非ユダヤ人の隣人たちとのあいだに平和裏の共存を築きつつ、かたや、イスラエル国に多かれ少なかれ共感を抱く北アメリカのユダヤ人たちからの強い敵意にさらされながら日々を送っています。

(前掲書、二一八―二二一頁)

たしかに、よく知らないわたしたちは、シオニストが全世界のユダヤ人/ユダヤ教徒を代表していると考えがちである。そして、シオニストが建国したイスラエル国家を見て、「ユダヤ人」というのは、「反セム主義」によって差別・迫害され、ナチス・ドイツのホロコースト(ショアー)の被害者になったにもかかわらず、なぜパレスチナ・アラブ人を迫害し、殺戮できるのか、と不可解に思うわけである。しかし、「非宗教的なユダヤ人」を生み出したシオニストが世界のユダヤ教徒を代表するわけではなく、その一部にすぎないということを知って、ユダヤ教徒というのがその本性から差別的、抑圧的な人びとではないこと、そして、イスラエル国家の国家主義的・植民地主義的——もっといえば、ナチズム的——行動が決してユダヤ教という宗教に由来するものではないことに納得させられるのである。

こうしてユダヤ教・反シオニストたちは、イスラエル国を一つのあるまじき誤謬とみなします。そして、唯一可能な解決は、ユダヤ、アラブ双方の現地住民の意思に反して、つまり神の意思そのものに反して獲得された国家主権を放棄し、以後、ユダヤの名のもとに政治行動を一切しないことであると考えるのです。イスラエル国の存在そのものが神への冒瀆であり、ユダヤの民にとって最大の危険要因である以上、それを廃棄にいたらしめるのは当然のことと彼らの目には映っているのです。（前掲書、二二九—二三〇頁）

つまり、ユダヤ教に依拠する反シオニストたち、すなわち、言葉の本来の意味でのユダヤ教徒たちにとって、イスラエル国家にはさまざまな問題が存在すると指摘するだけでは十分にはほど遠いというのだ。そうではなく、イスラエル国家の存在そのものが、神の意志に反しているというのである。唯一神ヤハウェの意志に従って生きているユダヤ教徒にとって、異民族が数百年にわたって生活してきた土地を奪い取って、そこに主権国家を打ち建てるということ自体が、あってはならないことなのである。神の意志に従うのであるならば、「ユダヤ人」たちは国家主権をただちに放棄して、イスラエル国家を廃絶し、パレスチナの土地をアラブ人の手に返すのが必然的なことなのだ。

このようなラブキンのシオニズム＝イスラエル国家批判に全面的に共感して、キリスト者として――ユダヤ教徒ではない――パレスチナ問題に取り組んでいる日本人に、村山盛忠がいることを紹介しておく（村山盛忠『パレスチナ問題とキリスト教』、ぶねうま舎、二〇一二年一一月）。他方で、シオニストが建国し、支配してきたイスラエル国家を擁護する論者が存在することも、公平のために付け加えておこう（ミルトスという出版社が刊行しているアラン・ダーショウィッツ『ケース・フォー・イスラエル――中東紛争の誤解と真実』（原著：二〇〇三年）、滝川義人訳、二〇一〇年五月、滝川義人『日本型思考とイスラエル――メディアの常識は世界の非常識』、二〇一四年一月、佐藤優『イスラエルとユダヤ人に関するノート』、二〇一五年二月：増補改訂版、『イスラエルとユダヤ人――考察ノート』、角川新書、二〇二〇年二月など。佐藤優は、「反ユダヤ主義」を焚きつけかねない、とラブキンを批判している）。

10　イスラエル国家――民族国家から文明国家への跳躍

「ユダヤ人」のアイデンティティの根拠が何かという問いに話を戻すならば、《イスラエルではユダヤ人を法的に、ユダヤ教を信じているか、母親がユダヤ人である者と定義している。この定義からもわかるように、「ユダヤ人」という場合、宗教と民族の二つの側面をもっている》(立山良司「第1章　一瞬も退屈のない国――波乱と緊張と多様性の中で」、立山良司編著『イスラエルを知るための62章【第2版】』、〈エリア・スタディーズ〉、明石書店、二〇一八年六月、二〇頁)というが、これでは、もしユダヤ教を信仰していない者の場合は、「ユダヤ人」の定義自体に定義されるべき語「ユダヤ人」がふくまれており、結局何も言っていないことに等しいと指摘しなければならない。「母親がユダヤ人である」ことも、その「母親がユダヤ人である」ことによって定義しなければならず、「ユダヤ人」の定義は無限に先送りされることになってしまうからだ。「母親がユダヤ人である」ことを、どうやって証明するのだろうか。自己言及的な定義を回避したいならば、母系の血統による「ユダヤ人」の定義などは排して、ユダヤ教の信仰による定義だけに統一したほうがよいのではあるまいか。

共同通信社のエルサレム特派員を務めた船津靖は、わたしとは違って、ユダヤ教はキリスト教、イスラーム、あるいは仏教とは異なり世界宗教ではないという認識を示しつつも、「ユダヤ人」には敬虔なユダヤ教徒でないシオニストのような人びともふくまれているために、「現代のユダヤ人」にかんして、次のような暫定的な定義を提案している。

ユダヤ教徒であるためには、母親がユダヤ教徒か、ユダヤ教徒と結婚するか、ラビによる厳格な改宗手続きを経る必要がある。ユダヤ教には布教や伝道はなく、異教徒の改宗やユダヤ教徒との結婚をあまり歓迎しない。血統や婚姻と不可分のこうした閉鎖性が、キリスト人とかイスラム人という呼び名は成立しないのに、ユダヤ人とは呼べる理由である。

だが、ユダヤ人がみな熱心なユダヤ教徒かというと、そうではない。シオニストが打ち出したユダヤ人という民族意識にアイデンティティを抱く、非宗教的な人々からも構成されている。イスラエルでは、ユダヤ教を人生の中核に据える極めて宗教的な人々と、通常の日本人にとっての仏教や神道の慣習ほどにも重視せず、政教分離を徹底すべきだとする世俗的な人々が対立している。

現代のユダヤ人を暫定的に定義すれば「ユダヤ教徒であるか、あるいはモーセの十戒、バビロン捕囚、離散など古代イスラエルの系譜への帰属意識をアイデンティティの中核とする人々」といった表現になるだろう。帰属意識は主観的なものだ。ユダヤ人の古代からの血統的な一貫性、一体性は疑問視されている。アイデンティティとは自尊心の中核である。(…)

政治的シオニズムは、ユダヤ民族という観念に強いアイデンティティを抱く非宗教的な活動家が、主権国家を樹立しようとした近代ナショナリズムの運動である。近現代の国際政治では、アイデンティティがナショナリズムと結合して驚くべき政治的パワーを発揮し、多数の民族国家が樹立されたが、それと同時に、多くの国際紛争も生み出された。

(船津靖『パレスチナ——聖地の紛争』、中公新書、二〇一一年五月、三六—三七頁)

「ユダヤ人」という虚構の民族——すべての民族が多かれ少なかれ虚構ではあるが——にかんしてこのように曖昧な定義——《ユダヤ教徒であるか、あるいはモーセの十戒、バビロン捕囚、離散など古代イスラエルの系譜への帰属意識をアイデンティティの中核とする人々》——を採用せざるをえないのは、イスラエル国家を樹立し、権力を掌握してきたシオニストたち自身が、ユダヤ教の信仰と実践に生きていない「非宗教的なユダヤ人」であり、歴史的に根拠のない「ユダヤ民族」にもとづいて己れを定義せざるをえない人たちだからだ。ユダヤ教という宗教は排除しつつ、『旧約聖書』の神話的な歴史観だけは利用して、パレスチナ(エレッ・イスラエル)の地におけるイスラエル国家の建国を正統化するというのは、きわめて危うい綱渡りだと言うほかはない。いずれにせよ、近代ナショナリズムの産物であるシオニズムが出現して以来、「ユダヤ人」の内実は、深い混迷の淵におちいったのである。

わたしは、「ユダヤ人国家」の存在を頭から否定するものではない。しかしながら、「ユダヤ人国家」を建設する場所は、アラブ人という先住民が暮らしていたパレスチナの地であってはならなかった(ユダヤ教徒が聖地を訪れる自由は、もちろん保証されるべきであるが)。ホロコーストという人類史上最大のジェノサイドを行なった償いとして、ドイツの国内に「ユダヤ人国家」を建設すべきだったという見解もあるが、わたしは、「ユダヤ人」のための土地を用意すべきだったのは英国(グレイト・ブリテンおよび北アイルランド連合王国)だったと考えている。なぜならば、パレスチナに「ユダヤ人国家」の建設を進めたのはほかならぬ英国であって、第一次世界大戦中の一九一七年、英国外相アーサー・バルフォアが、シオニストたちのパトロンであるウォルター・ロスチャイルドに宛てた書簡という形で「バルフォア宣言」を発表し、パレスチナに「ユダヤ人のナショナル・ホーム(民族的故国)」を建設することを約束したからである(「バルフォア宣言」については、たとえば、デイヴィッド・フロムキン『平和を破滅させた和平——中東問題の始まり〔1914—1922〕(下)』(原著：一九八九年)、平野勇夫／椋田直子／畑長年訳、紀伊國屋書店、二〇〇四年八月、四七二—四七三頁、ユージン・ローガン『オスマン帝国の崩壊——中東における第一次世界大戦』(原著：二〇一五年)、白須英子訳、白水社、二〇一七年一〇月、四六二頁、横田勇人『パレスチナ紛争史』、集英社新書、二〇〇四年五月、一七頁、佐藤唯行『英国ユダヤ人の歴史』、幻冬舎新書、二〇二一年七月、一三六—一三七頁を参照)。第一次大戦当時、英国は莫大な軍事費を必要としており、大富豪のロスチャイルドからさらに巨額の融資を引き出すために、「バルフォア宣言」によって「ユダヤ人国家」の建設を約束したという事情があったらしい(福富満久『戦火の欧州・中東関係史——収奪と報復の200年』、東洋経済新報社、二〇一八年五月、六七頁)。佐藤唯行によれば、英国が中東に友好国を確保したいという地政学的理由もあったという(前掲書、一三七頁)。いずれにせよ、英国は、自国の領土内、とりわけ英国の支配的民族が住んでいるイングランド内部に——歴史的に異民族の国であったウェールズでも、スコットランドでも、北アイルランドでもなく、ましてや海外の植民地でもなく——、ほかならぬイングランドの内部に「ユダヤ人のナショナル・ホーム」を建設すべきだったのだ。現在のイスラエル国家の面積が日本の四国程度であり、人口が神奈川県程度であることを考慮に入れるならば、それは不可能なことではなかったはずである。

とはいえ、一九四八年に建国されたイスラエル国家で生まれ育った人たちが七〇歳以上の高齢に達している現状を考えると、イスラエル国家を解体してユダヤ人／ユダヤ教徒たちを追放したり移住させたりして、それと引き換えに、ヨルダン、シリア、レバノンなど、さまざまなアラブ諸国に離散しているパレスチナ・アラブ人たちにパレスチナの土地を開放することは、いまとなっては現実的な解決法ではないと言わざるをえない。たとえば、ユダヤ系アメリカ人の政治思想家、ジュディス・バトラーは、パレスチナ／イスラエル国家問題にかんして「一国二民族国家」論を提起している。名称はともかく、パレスチナを「ユダヤ人」とパレスチナ人の二民族国家にしようという問題提起である（ジュディス・バトラー『分かれ道――ユダヤ性とシオニズム批判』（原著：二〇一二年）、大橋洋一／岸まどか訳、青土社、二〇一九年一一月）。事実上、多民族国家となっているイスラエル国家の現状を考えるならば、祖国から追放され、難民となってさまざまな国で暮らすことを余儀なくされているパレスチナ人たちを帰還させ、イスラエル国家に迎え入れることは、国際社会の説得と指導があるならば、決して不可能なシナリオではないだろう。

なお、ジュディス・バトラーの構想は、もともとＰＬＯ（パレスチナ解放機構）が主張していた国家像に近いと言ってよい。ＰＬＯが描いてきた構想は、イスラエル国家を解体し、現在のイスラエル国家とガザとヨルダン川西岸とを合わせたパレスチナ全体にユダヤ教、キリスト教、イスラームなどの各教徒が平等に共存できるパレスチナ国家を建設することだったからである。しかしながら、ヤセル・アラファト議長は、一九九三年のオスロ合意に際してその国家像を放棄してしまった。そして、新しい国家像を選びとった。それは、パレスチナという土地をイスラエルとパレスチナという二つの国家に分割するというものだった。正確には、その国家観は、すでに一九八八年のパレスチナ国家樹立宣言の際に示されていたので、オスロ合意はそれの再確認だったのである（高橋和夫『アメリカとパレスチナ問題——アフガニスタンの影で』、角川ｏｎｅテーマ21、二〇〇一年一二月、六九頁、同『パレスチナ問題の展開』、〈放送大学叢書〉、左右社、二〇二一年三月、二一〇頁）。言いかえれば、ＰＬＯは「一国二民族（多民族）論」から「二国二民族（多民族）論」に転向したと考えることができるだろう。

ここで「バルフォア宣言」にもう少しふれておくならば、英国政府は、パレスチナに「ユダヤ人国家」を建設するにあたって、先住民族の諸権利を侵してはならないという条件を付していたのであった。一九一七年一一月二日、英国の外相、アーサー・バルフォアは、シオニストの代表であるウォルター・ロスチャイルドに宛てて次のように書き送っている。

親愛なるロスチャイルド閣下

ここに、我が国政府になり代わって、内閣に提出され、承認された、ユダヤ人シオニストの願望に対する共感を表明する以下の宣言を、お伝えできることは、非常なる喜びに存じます。

すなわち、「イギリス政府は、パレスチナに存在する非ユダヤ人共同体の市民権および信仰権が侵害されたり、その他の国のユダヤ人が享受する諸権利および政治的身分が侵害されたりするいかなることもなされないことを明確に了解したうえで、パレスチナにユダヤ人の民族的郷土が樹立されることを良しとし、その目的の達成を容易にすべく最善の努力を払うものとする」と宣言いたします。この宣言を、シオニスト連盟に知らしめていただければ幸いです。

（デイヴィッド・フロムキン『平和を破滅させた和平——中東問題の始まり［1914—1922］（下）』（原著：一九八九年）、平野勇夫／椋田直子／畑長年訳、紀伊國屋書店、二〇〇四年八月、四七二—四七三頁）

この「バルフォア宣言」に沿う形で建国された実際のイスラエル国家は、一方で先住民であるパレスチナのアラブ人を追放、離散させ、他方で国内にとどまり、イスラエル国籍をもったパレスチナのアラブ人を差別し、隔離しているわけだから、「ユダヤ人国家」の出発点にほかならなかった「バルフォア宣言」自体をも裏切っていると言わざるをえない。言うまでもなく、「バルフォア宣言」を裏切った主体は、アシュケナジーム系のシオニストたち以外ではない。

それでは、「バルフォア宣言」の報に接した同時代のシオニストたちは、どのように感じたのだろうか。ニューヨーク滞在中のベン・イェフダーは、己れの夢が現実になったと確信し、狂喜乱舞した。

ベン・イェフダーの言う、世界中のユダヤ人が忘れてならない日は、一九一七年十一月二日である。

十一月二日に、英国政府が、パレスチナはユダヤ民族の祖国であるという宣言を待っている、世界に四散してた〔ママ〕ユダヤ人の支援に乗り出したのだ。

バルフォア宣言、と歴史はこれを呼ぶことになる。ベン・イェフダーはこれを、「われわれの自由憲章」と呼んだ。

これは、英国政府が出した一つの政策声明に過ぎなかった。次の英国政権によって、いつでも否認されてしまうかもしれなかった。事実、ずっとあとにはそうなった。(…)また、何についても確固たる保証をしていたわけではない。一枚の白い紙に書かれた、短い文章に過ぎなかった。しかし世界中のシオニストは、十一月のこの日、かつてないほど大騒ぎして喜んだ。

エリエゼル・ベン・イェフダーがだれより興奮したとしても、これは理解できる。これでついに、夢が少しばかり現実のものになったのだ。このことのために何年も、自分の声とペンで戦って来たのだ。彼は一貫して、ユダヤ人が自分たちの自由のために頼りにすべきは英国であると言ってきた。エルサレムではそのために馬鹿にされてきた。ドイツ・ユダヤ人には、そんなことは決して起こらないと言われた。ニューヨークにも、懐疑的な人がいた。

しかし、ついにそうなったのだ！　街で売られている新聞を読めば、だれにでもわかる。

（…）

その夜カーネギー・ホールではイスラエルの旗が打ち振られ、エリエゼル・ベン・イェフダーは若い花婿のように幸福だった。

（ロバート・セントジョン『ヘブライ語の父 ベン・イェフダー』（原著：一九五二年）、島野信宏訳、ミルトス、一九八八年一一月：改訂新版、二〇〇〇年九月、四〇四―四〇五頁）

それにしても、中東の地図を眺めるたびに、アラブ世界の大海、さらにはイスラーム世界の大海のなかに、どうして英国は「ユダヤ人国家」という小さな異物を投げ込んだのだろうか、という疑問が浮き上がってくる。中東情勢に詳しい佐々木良昭によれば、ユダヤ教、キリスト教、イスラームという三大一神教の聖地にイスラエル国家を建設すれば、アラブ諸国はそれの奪還をめぐって必ずや対立しあうようになると英国は見越していたという。単純化するならば、英国は、アラブ諸国がイスラエル国家を攻めるにしても、どちらから、どのように攻めるかで、必ず意見が対立するはずだと見透していたということだ。

これはイギリスにしてみれば、青写真通りの混乱である。

彼らが最も恐れたのは、アラブ諸国が一つにまとまって西側に対抗する事態だ。それを防ぐために、イスラエルという混乱要素を植え込んだと考えればわかりやすいだろう。（…）

武器を購入するとなれば、原油を売るか、原油の権利を渡すしかない。しかも、武器を供与する側にしてみれば、足元を見て、安価な値段で原油や採掘の権利を購入できる。結果的に潤うのはイギリスであり、同国の盟友アメリカだ。（…）

もっとも、「我々はこのままではダメだ」として、過去、何人ものアラブの英雄たちが「アラブ統一」を叫んだ。それがエジプトのカリスマ指導者だったナセルであり、リビアのカダフィであり、イラクのフセイン、シリアのハーフィズ・アサドとその子供のバーシャル・アサドも「アラブ統一」を叫んだ。しかし、ことごとくが夢を阻まれている。

（佐々木良昭『結局、世界は「石油」で動いている』、青春新書インテリジェンス、青春出版社、二〇一五年五月、一二六―一二七頁）

広大なアラブ世界、イスラーム世界にイスラエル国家という極小の異物を「植え込んだ」英国は、佐々木良昭によれば、権謀術数の天才的国家だということになる。

話をもとに戻すならば、わたしは「ユダヤ人国家」の存在自体を全面的に否定するものではないが、「ユダヤ人」という集団のアイデンティティの根拠にかんしては大いに疑問を抱いてきた。だから、いまこそ、民族主義的な「ユダヤ人」概念から本来の信徒集団としてのユダヤ教徒に回帰して、イスラエル国家を根底から創り換えることが必要なのではないだろうか。新しいイスラエル国家は、ヨーロッパに端を発して世界中に拡がった近代的な「民族国家」、すなわちネイションＮ・ステイトではなく、ユダヤ教の信仰に基礎を置いた〈宗教国家〉になるであろう。アーノルド・トインビー(Arnold Toynbee, 1889-1975)が創始した比較文明論に倣って〈文化〉と〈文明〉とを区別するならば、それは〈文明〉の国家ということになるだろう。言語と民族にもとづいて〈文化〉が成立し、主として宗教にもとづいて〈文明〉が成立するとするならば、イスラエル国家は、世界の他のどんな民族国家とも次元の異なる〈文明国家〉であるという国家理念を掲げてもよいのではないだろうか。すべてのキリスト教徒(キリスト人)や、すべてのイスラーム教徒(イスラーム人)に開かれた国家は存在しない——歴史的には、ローマ帝国というキリスト教帝国、アッバース朝やオスマン帝国といったイスラーム帝国が存在したことが知られている——が、イスラエル国家は、全世界のユダヤ教徒に開かれた〈ユダヤ教徒国家〉として、〈宗教国家〉として、すなわち〈文明国家〉として生まれ変わるべきなのである。だからといって、パレスチナの先住民族であるアラブ人を追い出すべきだとか、差別すべきだとかいうわけではもちろんない。パレスチナの先住民族には敬意をもって接し、共存をはかることこそがユダヤ教の神、ヤハウェの意志に叶うことではないだろうか。

〈文化〉と〈文明〉の区別を言語論の次元で考え直してみるならば、それは、〈言語(ラング)〉と〈文字(エクリチュール)〉の区別に対応していることがわかる。世界に存在する文字の種類は、言語の数よりもはるかに少ない。世界の言語の数は減少傾向にあるが、一〇〇〇〇近くとか、七〇〇〇とか言われている。言語の数にこのような幅があるのは、何を「言語」と数え、何を「方言」と数えるかにかんして、科学的根拠がないからだ。たとえば、わたしは、沖縄の琉球語は、幕末まで琉球王国が独立国だったというその歴史からも、相互理解性の欠如からも、日本語から独立した一つの「言語」だと考えているが、これとは反対に、琉球語を日本語の「方言」だと見なす研究者も少なくない。これだけでも、言語の数は一か、二か、変わってしまうのだ。それに対して、世界の文字の数は三六〇種類ほどである。日本語でいえば、ひらがな、カタカナ、漢字、ローマ字の四種類というように数えて、全世界では三六〇種類ほどあるということになる。言語の数に対して、文字の数がいかに少ないかがわかるだろう(西江雅之『新「ことば」の課外授業』、白水社、二〇一二年八月、四六―四七頁を参照)。

たとえば、さまざまな民族によって構成されている西欧のローマ・カトリック文明の世界では、ラテン文字――いわゆる、わたしたちがよく知るアルファベット――が使われている。それに対して、ロシア・東欧の東方正教会文明圏では、キリル文字が使用されている。東欧・バルカン半島は、ローマ・カトリック文明と東方正教会文明が「衝突」している地帯であるので、〈文字〉の状況も錯綜している。ポーランド語、チェコ語、スロヴァキア語、ハンガリー語、スロヴェニア語、クロアチア語は、カトリック教徒が多数派を占める地域で使われており、ラテン文字で表記される。それに対して、東方正教会の信徒が多数派を占める国々の言語、すなわち、ブルガリア語、ルーマニア語、セルビア語、ロシア語、ウクライナ語などは、キリル文字で表記される。イスラーム世界では、本来、セム語族に属するアラビア語を表記するために創り出されたアラビア文字が、聖典『コーラン』がアラビア語・アラビア文字によって書かれているため、語族が異なる言語でも使用されている。アルタイ語族に属するオスマン・トルコ語や中国の新疆ウイグルのウイグル語も、インド・ヨーロッパ語族に属するペルシャ語やウルドゥー語も、アラビア文字ないしその改良形によって表記されている。

このように見てくると、複数の民族〈ネイション〉と言語〈ラング〉を包摂する形で、〈宗教〉と〈文字〉のあいだにほぼ一対一の対応関係が存在し、〈宗教〉と〈文字〉にもとづいて〈文明世界〉ないし〈文明圏〉を画定することが可能であると考えてよいだろう。トルコ共和国の場合は、イスラームという普遍的な宗教で統合されていた多民族国家、オスマン帝国との連続性を切断し、西欧型の民族国家〈ネイション・ステイト〉――〈一民族、一言語、一国家〉を原則とする――として生まれ変わるために、あえて文字体系をアラビア文字からラテン文字へと転換し、〈文明〉の帰属先を変更したのだった。新生トルコのカリスマ的指導者、アタテュルクが指揮した「言語革命」は、このように文明論的次元で遂行されたのである〈本書、「方法としてのトルコ――あるいは《日本近代の逆説》をめぐって」を参照〉。

古代ユダヤ民族のヘブライ文字は、大きく二つに区別されている〈スティーヴン・ロジャー・フィッシャー『文字の歴史――ヒエログリフから未来の「世界文字」まで』〈原著：二〇〇一年〉、鈴木晶訳、研究社、二〇〇五年一〇月、一二三―一二七頁〉。第一に、紀元前八五〇年頃、フェニキア文字の影響を受けて生まれたのが「古ヘブライ文字」であるが、これは、ユダ王国の人びとがバビロニアによって強制移住させられた、いわゆる「バビロン捕囚」〈紀元前五九七―五三九年〉の期間に使われなくなっていった。第二に、その頃、古ヘブライ文字に代わって、それ自体が古ヘブライ文字の影響を強く受けたアラム文字の一変種が使われるようになる。紀元前五世紀までに、多くのユダヤ人は、アラム文字を使う際に各々の文字を四角い枠のなかに規則正しく書くことによって標準化したので、この文字は「方形ヘブライ文字」と呼ばれるようになった。世界中のユダヤ教徒が後世に伝えたのは、この「方形ヘブライ文字」のほうであり、「ヘブライ文字」といえば普通これを指す。スペイン系のセファルディームは方形ヘブライ文字の線を丸く書く書体を、ドイツ・東欧系のアシュケナジームは角張った書体を用いたが、いずれも「方形ヘブライ文字」の変種である。方形ヘブライ文字は、宗教的目的、世俗的目的を問わず、あらゆるヘブライ語のテクストで使われるようになったが、中世には、宗教儀式用としてしか使われなくなった。ヘブライ文字の文字論的な特徴としては、アラビア文字などのセム系文字と同様に、子音中心であるということである。このヘブライ文字(方形ヘブライ文字)を再び使い始めたのが、ベン・イェフダーなど、一九世紀末のシオニストたちであったことは言うまでもあるまい。イスラエル国家の公用語である現代ヘブライ語——もう一つの公用語はアラビア語であったが、ネタニヤフ政権下、二〇一八年の「ユダヤ国民国家法」によって公用語から除外された——は、このヘブライ文字によって表記されている。

ここでわたしが注目したいのは、次の事実である。すなわち、スペインに居住していたユダヤ教徒であるセファルディームが話していたラディーノは、スペイン語(正確には、カスティーリャ語)に近く、インド・ヨーロッパ語族イタリック語派に属する言語であり、ラテン語から派生した言語であることから、ラテン系の言語とも言われるが、いずれにせよ、古代ユダヤ人が話していた、セム語族に属する古代ヘブライ語とは系統を異にする言語である。また、ドイツから東欧・ロシアに居住したユダヤ教徒であるアシュケナジームが話していた言語はイディッシュであり、これはドイツ語に近く、インド・ヨーロッパ語族ゲルマン語派に属する言語であり、これも古代ユダヤ人のヘブライ語とはまったく無関係の言語である。しかしながら、注目したいのは、ユダヤ教徒の二大系統が使用していたラディーノとイディッシュが、文字体系としては等しくヘブライ文字——正確には、方形ヘブライ文字——を使用してきたという事実にほかならない。つまり、「民族」とは言語共同体のことであるというソシュールの民族定義に依拠するならば、セファルディーム系ユダヤ教徒とアシュケナジーム系ユダヤ教徒とは、別個の二つの民族と見なさざるをえないことになるのだが、それにもかかわらず、ユダヤ教への信仰とヘブライ文字の使用によって、言いかえれば同一の〈宗教〉と同一の〈文字〉によって、同一の〈文明〉に、すなわち、〈ユダヤ教文明〉に帰属していることが明らかになるということなのである。言いかえれば、古代ユダヤ人がある時期まで〈言語共同体〉であったとすれば、中世以降のユダヤ教徒——ユダヤ人ではない——は、〈文字共同体〉を形成してきたということなのである。

なお、オスマン帝国史研究の第一人者である鈴木董は、最近、文明を「文字世界」と定義して、五つの「文字世界」から成る世界像を提起している。すなわち、ラテン文字圏、ギリシャ・キリル文字圏、アラビア文字圏、梵字圏、漢字圏の五つである（鈴木董『文字と組織の世界史——新しい

「比較文明史」のスケッチ』、山川出版社、二〇一八年八月、『文字世界で読む文明論――比較人類史七つの視点』、講談社現代新書、二〇二〇年七月）。わたしの問題設定は鈴木董のそれに近く、「文字の比較文明史」と呼ぶこともできようが、直接的に鈴木から影響を受けたわけではない（本書、「方法としてのトルコ――あるいは《日本近代の逆説》をめぐって」の初出が二〇〇〇年であることを想起されたい）。また、鈴木の図式では、ユダヤ文明は文字の同系性からアラビア文字圏に包含されるのだろうが、これには大いに異論の余地がある。なぜなら、二〇世紀半ば以降、アラビア文字圏（＝イスラーム文明）とヘブライ文字圏（＝ユダヤ教文明）が、パレスチナという土地の領有権をめぐって「文明の衝突」を繰り返してきたことは、明白だからである。鈴木董の「比較文明史」は体系的・総合的であることを標榜しているが、ユダヤ文明の位置づけにおいては課題を残しているのではないだろうか。

この点にかんしては、アメリカの国際政治学者、サミュエル・ハンチントンが二〇年以上前に刊行した著書のほうが、はるかに明快なのだ。

ユダヤ文明はどうだろうか？　文明の研究者の大多数がこれについてはほとんど言及していない。人口から言えば、ユダヤ教が主要文明でないことは明らかである。トインビーはユダヤ教を初期シリア文明から発展しながら、成長をはばまれた文明だと評している。ユダヤ教は歴史的にはキリスト教とイスラム教の双方と関連があり、数世紀の間ユダヤ人は西欧文明と東方正教会文明とイスラム文明のなかに文化的なアイデンティティをもちつづけていた。イスラエルが建国されたことで、ユダヤ人は文明を構成する客観的な装備はすべてととのえた。つまり、宗教、言語、生活習慣、文学、社会制度、領土および政治の中心地である。だが、主観的な自己認識はどうだろうか？　他の文化のなかで暮らしているユダヤ人の帰属感は、ユダヤ教とイスラエルに身も心も一体化しているレベルから、ユダヤ教徒とは名ばかりで自分の住んでいる土地の文明とすっかり一体化しているレベルまでさまざまだが、後者は主として西欧に住んでいるユダヤ人の場合に多い。

（サミュエル・ハンチントン『文明の衝突（上）』（原著：一九九六年）、鈴木主税訳、集英社、一九九八年六月；集英社文庫、二〇一七年八月、八六―八七頁）

ハンチントンの思考＝文章は明快かつ慎重であるが、ユダヤ教徒の共同体は、一九四八年のイスラエル国家の建国をもって初めて、〈文明〉の名にふさわしい資格を獲得したと考えてよいだろう。その意味では、ユダヤ文明は、非常に長い前史をもちながらも、二〇世紀に誕生した新しい〈文明〉でもあるのだ。

ここまで読んできた読者のなかには、わたしが「文明の衝突」論者、あるいはハンチントン主義者ではないかといぶかる向きもあるかもしれない。わたしとしては、そうかもしれないし、そうでないかもしれない、と答えるほかはない。というのは、わたしは、「ハンチントン主義者」と自称するほどには彼の諸々の著書を深く研究しているわけではないからである。それに他方で、イスラームの専門家のなかには、西洋とイスラームとの関係を「イスラームの脅威」とか、「文明の衝突」とかいったタームによって論じることは、現実を単純化することによって捏造された「幻想」にすぎない、と表明している研究者もいるからだ（ジョン・L・エスポズィート『イスラームの脅威――神話か現実か』（原著：一九九二、一九九五年）、内藤正典／宇佐美久美子監訳、明石書店、一九九七年四月、三五七頁以下）。しかも、エスポズィートの著書は、ハンチントンの著書『文明の衝突』に先行しているのだ。いずれにせよ、ハンチントン主義者か否かという問いは、単純な回答を呼び出さないのである。

さて、わたしは、これまで、反セム主義という非科学的な人種主義によって捏造された「ユダヤ人」という民族・人種概念に開き直ったシオニズムの「ユダヤ人」概念、すなわち、単一の起源から派生した単一民族としての「ユダヤ人」という民族概念を批判的に検討してきたが、彼らを「ユダヤ人」ではなく、ユダヤ教徒として捉え返すことによって、ユダヤは単なる民族や文化ではなく、宗教と文字に支えられた高次の〈文明〉を形成していることを明らかにしたのであった。わたしのユダヤ人／ユダヤ教徒をめぐる考察は、一見「ユダヤ人」、「ユダヤ民族」の存在を否定している点で、一部の読者には、いわゆる「反ユダヤ主義的」なものに映ったかもしれない。しかしながら、実際には、それは、「ユダヤ人」や「ユダヤ民族」をはるかに超越する〈ユダヤ教文明〉の存在を認めているという意味で、比較文明論に立脚した優れて科学的な立場であり、どちらかといえば「親ユダヤ的」な立場であることが理解してもらえることだろう。〈ユダヤ教文明〉は、ローマ・カトリック文明(西欧文明)、東方正教会文明、イスラーム文明、儒教文明、仏教文明、ラテンアメリカ文明などと肩を並べる、偉大なる文明単位の一つとして位置づけられているのだから。

イスラエル国家の人口は増加傾向にあるが、二〇二〇年末発表で約九三〇万人であり、神奈川県の人口程度にすぎない。このなかには、約二割のアラブ人もふくまれている(高橋和夫『パレスチナ問題の展開』、〈放送大学叢書〉、左右社、二〇二一年三月、三九一―三九二頁)。他方、先に見たように、全世界の「ユダヤ人」人口を合わせても、二〇一六年現在で一四四一万人であり、東京都の人口程度にすぎない。そして、イスラエル国家の面積は、二万二〇七二平方キロメートルで、日本の四国程度にすぎない(立山良司編著『イスラエルを知るための62章【第2版】』、〈エリア・スタディーズ〉、明石書店、二〇一八年六月を参照)。イスラエル国家の現状はもちろんのこと、仮に最大限の可能性として全世界のユダヤ教徒を迎え入れた移民国家を想像したとしても、やはり小国だと言うほかはない。しかし、小国ではあるけれど、イスラエル国家は、「半世界宗教」としてのユダヤ教の信徒を中心とする〈宗教国家〉あるいは〈文明国家〉としての本質を備えているのである。

反セム主義と、それに反発したシオニストの影響によって、フランス語の「ジュイフ」や英語の「ジュー」ないし「ジューイッシュ・パーソン」は、「ユダヤ人」と訳され、民族(ネイション)と錯視されてきたが、実際にはユダヤ教の信徒、すなわちユダヤ教徒を意味する言葉であった。ユダヤ教がさまざまな異民族、異教徒からの改宗者を迎え入れてきた結果、現在のユダヤ教徒にはさまざまな民族や人種がふくまれている。イスラエル国家は、小さな国家でありながら、多種多様な民族・文化から構成され、世界の人類の縮図のような姿を呈するにいたったのである。たしかに、テオドール・ヘルツルらシオニストたちは、民族主義（ナショナリズム）と民族自決の時代潮流のなかで、「ユダヤ人」という民族（ネイション）を仮構して、民族国家（ネイション・ステイト）としての「ユダヤ人国家」建設を志向した。しかしながら、現実のイスラエル国家を見てみると、それは、民族国家ではなく、世界中のユダヤ教徒に開かれた〈宗教国家〉もしくは〈文明国家〉という新たな国家像を体現しているのである。

ただし、この場合のユダヤ教徒とは、「超正統派（ウルトラ・オーソドックス）」のように、生活のすべてをユダヤ教の信仰と実践に捧げているような人びとだけを指し示しているわけではない。わたしたち日本人が生活のなかで仏教と神道の環境に親しんでいるように、世俗的な人でも、ユダヤ教の環境に親しんでいる人ならば、ユダヤ教徒と見なしてよいだろう。だから、先に見た船津靖の《ユダヤ教徒であるか、あるいはモーセの十戒、バビロン捕囚、離散など古代イスラエルの系譜への帰属意識をアイデンティティの中核とする人々》という定義でもよいのである。いわゆる冠婚葬祭の宗教であっても、日本は仏教と神道の国家と見なされている。あるいは、キリスト教国、カトリック教国とされているフランスでも、定期的に教会のミサに通っている人はごく少数であって、大多数のフランス人はキリスト教の真摯な信仰に生きているわけではない。それでよいのである。アメリカのように、福音派というキリスト教原理主義的な人びとが多い国は特殊・例外的であって、ヨーロッパ諸国はどこも似たり寄ったりであろう。先に紹介したヤコヴ・M・ラブキンは認めないだろうが、わたしは、イスラエル国家の場合も、この非常にゆるい定義によるユダヤ教徒の国という意味での〈ユダヤ教国家〉であれば、それでよいと考えている。このような定義にもとづくならば、イスラエル国家がユダヤ教徒の国家であり、〈宗教国家〉であり、〈文明国家〉であることは疑いえない。断じて、「ユダヤ民族」の国家、すなわち民族国家（ネイション・ステイト）ではないのである。

たとえば、イスラエル人政治理論家・聖書研究者のヨラム・ハゾニーは、アメリカのトランプ政権に影響を与えた著書のなかで、両極端にある「無政府状態」と「帝国主義」と比較して、中間にある「国民国家」こそが個人の自由や多様性を尊重する政治体制であるとし、「国民国家」の要件として文化や起源、宗教を共有しているという連帯意識が存在して初めて、近代的な自由主義の政治制度や市場経済を発展させられると主張している（『ナショナリズムの美徳』（原著：二〇一八年）、庭田よう子訳、中野剛志／施光恒解説、東洋経済新報社、二〇二一年四月）。ハゾニーの念頭にあるのは、欧米の自由民主主義諸国以上にイスラエル国家であると思われるが、イスラエル国家の場合、仮にパレスチナ人を除外して「ユダヤ人」に限定したとしても、その起源は単一ではない――パレスチナだけではなく、ハザールもある――のだから、「国民国家」の要件を満たしていないと言わざるをえない。端的にいって、イスラエル国家は国民国家（民族国家）ではないのである。

ところで、先に見たように、ドナ・ローゼンタールによれば、イスラエル国家の「ユダヤ人」、すなわちユダヤ教徒は、（一）アシュケナジーム、（二）セファルディームないしミズラヒーム、（三）

ロシア系、(四)エチオピア系という四つのカテゴリーの民族集団から構成されていた。しかし、ここでちょっと立ち止まってみる必要がある。なぜならば、イスラエル国家には人口比で二割の「非ユダヤ人」という少数派も存在するからである。「非ユダヤ人」とは、(一)イスラーム教徒のアラブ人、すなわちパレスチナ人、(二)遊牧民のベドウィン、(三)イスラーム異端派のドルーズ派教徒、(四)キリスト教徒という四つのカテゴリーのマイノリティにほかならない。

もちろん、どの国家にも多かれ少なかれマイノリティ(少数民族)というものは存在する。先にイランの多言語・多民族状況を見たが、たとえば、スペインには、スペイン語＝カスティーリャ語とは異なるカタルーニャ語を話すカタルーニャ人もいるし、スペイン語よりもポルトガル語に近いガリシア語を話すガリシア人もいるし(ちなみに、キューバのカリスマ的指導者だったフィデル・カストロは、ガリシア系だという)、フランス国境のバスク地方には、正体不明の孤立語であるバスク語を話すバスク人がいる。フランスには、ケルト系のブルトン語を話すブルトン人、ドイツ語の方言であるアルザス語を話すアルザス人、フランス語と同じラテン系のオクシタン語を話す南仏の人びと、スペインとの国境のバスク地方にバスク人などがいる。オランダには、比較言語学的に見て英語にもっとも近い言語として知られるフリジア語を話すマイノリティがいる。ドイツにも、スラヴ系のソルブ語を話すソルブ人がいるし、デンマークとの国境地方にはデンマーク人がいる。こうした事情は、日本も人ごとではない。北には日本語とは系統の異なるアイヌ語を話すアイヌが、南には日本語と唯一同系の言語ではあるが、日本語との相互理解可能性がきわめて低い琉球語を話す沖縄人がいるし（日本語と琉球語の距離は、フランス語とイタリア語、スペイン語、ポルトガル語などとの距離よりも大きいだろう）、他方では、山の民や漂泊民として知られ、日本語を話すものの、日本にいながら天皇の存在も知らないと言われるサンカ（山窩）の存在が近年でも確認されている（清水精一『サンカとともに大地に生きる』（原著：一九三四年）、河出書房新社、二〇一二年五月、利田敏『サンカの末裔を訪ねて——面談サンカ学——僕が出会った最後のサンカ』、〈サンカ学叢書〉第4巻、批評社、二〇〇五年一一月を参照）。

したがって、イスラエル国家は、理念的にはユダヤ教にもとづいた〈宗教国家〉、〈文明国家〉であるとしても、西欧的な民主主義国家を標榜するならば、パレスチナ人をはじめ、国内に存在するさまざまなマイノリティ集団を差別したり、隔離したりしてはならないのはもちろんのこと、それぞれの宗教、言語、文化を最大限に尊重すべきだろう。彼らは、ユダヤ教徒ではないにせよ、同じ「イスラエル人」としてユダヤ教徒と同等の人権が保証されるべきなのである。そして、イスラエル国家が何よりもまず第一に取り組むべきことは、二〇一八年に公用語から除外したアラビア語をただちに公用語の地位に戻すことにほかなるまい。さらに、すべての「イスラエル人」に——ユダヤ教徒であろうと、ムスリムであろうと、キリスト教徒であろうと——現代ヘブライ語とアラビア語という二つの公用語＝民族語（ラング・ナショナル：ナショナル・ランゲージ）の教育を義務づけ、「イスラエル人」一人ひとりをことごとく二言語使用者（バイリンガル）に創り換えるべきなのである。

イスラエル国家の国内のパレスチナ・アラブ人に対する差別や抑圧、アシュケナジームによるそれ以外のユダヤ教徒（民族集団）に対する差別、パレスチナ自治区（ヨルダン川西岸とガザ）への入植や軍事攻撃、エジプト、レバノン、シリアなど周辺諸国への軍事攻撃・不法占領など、現実のイスラエル国家にさまざまな問題点が存在することは周知の事実であるが、一国家でありながら〈宗教国家〉、〈文明国家〉を志向している、いわば実験国家として、わたしたちは、その行く末を見守ってゆくべきではないだろうか。

11　ディアスポラ主義を超えて

すでに見たように、テオドール・ヘルツルやエリエゼル・ベン・イェフダーらが提唱したシオニズムは、本質的にディアスポラという「ユダヤ人」の在り方を否定するものであった。「ユダヤ人」の共通語として、ディアスポラ時代のドイツ・東欧・ロシアのユダヤ教徒が用いていたイディッシュが採用されず、現代ヘブライ語が新たに創り出されたのも、そのためであった。シオニストたちは、さまざまな国々や地域に離散して、「異民族」、「異人種」として差別され、迫害を受けてきた「ユダヤ人」の悲惨な境遇を超克して、民族自決を果たした他の諸民族と同じように、「ユダヤ人国家」としてのイスラエル国家を建設することを目指した。「ユダヤ人国家」を建設し、民族自決を果たすことによって初めて、「ユダヤ民族」は、差別や迫害といった悲惨な境遇から解放され、三〇〇〇年前の独立と栄光を回復することができる、と考えたのである。

このように、シオニストたちがディアスポラを否定的に扱ったために、「ポスト・シオニスト」と呼ばれる新しいユダヤ系思想家たちのなかから、〈ディアスポラ〉を「ユダヤ人」本来の在り方として再評価する動きが出てくることは、半ば必然的だったと言ってよいだろう。ユダヤ系南アフリカ人として生まれ、英国に移住したロビン・コーエンは、ダニエル・ボヤーリンとジョナサン・ボヤーリンの兄弟の業績を念頭に、次のように書いている。

彼らの第一の論点は、いくぶんタルムード的だが、ユダヤ文化の構築が本来的にディアスポラの中で行われたというものだ。最初のユダヤ人とされているアブラハムは、約束の地を見つけるために、生まれた土地を出なければならなかった。つまりイスラエルという土地はユダヤ民族の発祥の地ではないということである。こうした見方がユダヤ史を見なおすきっかけとなり、特にユダヤ民族を「ある特定の土地と結び付けて考えることができない、つまりユダヤ文化をある地域に限定された自己充足的現象として捉えることができない」のは民族の永続的な性質の一つであるという考えを生むもとになっている。

ユダヤ人ディアスポラは、自己の居場所となった受け入れ先の社会を敵に回すことになっても、「完全にかつ徹底的に相互依存的になった世界」にあって異質であることの重要性を説き続けるべきだ、というのがボヤリン〔ボヤーリン〕たちの主張である。ユダヤ人のアイデンティティは、自己満足的な休息所には決して留まることはできないし、かといって固有の形態を持っているということもできない。結局永久に続く創造的なディアスポラという張り詰めた状況の中で表現し続けるしかないのだ。ボヤリンたちはこうしたユダヤ人アイデンティティが持つ脱領土化したものの見方の中に、一神論の考えを普及させたのと同じくらい大きな影響力を持つ新しい発想があるという。つまり、**民族とふるさとの地は必然的かつ有機的につながる必要はないというのである。**

福音書のようないい方で彼らは断言する。もしこのメッセージが理解されれば、近年のエスニック・ナショナリズムが生み出した紛争による流血は防ぐことができるだろうと。さらに〈シオニストたちが要求したような〉すべてのユダヤ人の上に君臨するイスラエル国を目指すのではなく、イスラエルはディアスポラとしての自覚をもう一度持つべきだとさえいう。これが意味するところは、真正なユダヤの伝統的な考え方では、空間を他の人々と分かち合うことをよしとすること、政教は完全に分離すべきであること、帰還法は取り消すべきであるということ、イスラエルは多民族で多文化の社会の構築を目指すべきであるということを、イスラエル人なら理解しようということである。

〈ロビン・コーエン『新版 グローバル・ディアスポラ』〈原著：二〇〇八年〉、駒井洋訳、〈明石ライブラリー〉、明石書店、二〇一二年五月、二二一―二二二頁〉

シオニズムに対するアンチテーゼとして、この「ディアスポラ主義」とでも呼ぶことのできる新しいユダヤ思想に、わたしが同意できる点が多々あることは確かである。

しかしながら、ユダヤ人／ユダヤ教徒をめぐる以上の考察をふまえるならば、ポスト・シオニストたちもまた、「ディアスポラ」という概念を前提としているという意味では、シオニストたちと同一の歴史観を共有していると指摘せざるをえないのではなかろうか。たしかに、わたしは、シオニズムとはディアスポラの否定である、と書いた。しかし、シオニズムは、ディアスポラというこれまでの「ユダヤ人」の在り方を乗り越え、「ユダヤ人国家」の建設を志向する思想と運動だったのであり、「ユダヤ人」たちがこれまで長いあいだディアスポラという在り方を強いられ、不幸のどん底のなかで生きてきたという歴史そのものを抹消しようとしたわけではない。むしろ、弁証法の用語を借りるならば、シオニストたちにとって、古代ユダヤ人の国家としてのイスラエル王国を「テーゼ」とするならば、二〇〇〇年間のディアスポラを「アンチテーゼ」として、両者を止揚する「ジンテーゼ」として「ユダヤ人国家」の建国を構想したのである。

むしろ、古代、エレツ・イスラエル（パレスチナ）の土地に暮らしていた「ユダヤ民族」が、ローマ帝国による第二神殿の破壊によって故郷の土地から追放され、世界のさまざまな国や地域に離散を余儀なくされる宿命を強いられたというのは、「ユダヤ人」の単一起源説と単一民族説を強化するために創り出された神話的歴史観だと言わなければならない。これまで見てきたように、「ユダヤ人」の起源は決して単一ではなく、歴史のなかで異教徒や異民族のなかからユダヤ教に合流し、ユダヤ教徒となった人びとも少なくなかったし、その結果として、「ユダヤ人」は多人種・多民族からなる、非常にハイブリッドな集団になったからだ。要するに、ディアスポラというのもまた、シオニストたちが「ユダヤ人国家」の建設の必然性を正統化するために、歴史学的な検証をふまえることなく世界に宣伝してきた、神話的でプロパガンダ的な歴史観にほかならなかったのである。四方田犬彦は、イスラエル人の「新しい歴史家」の一人としてシオニズム的歴史観の見直しを行ない、近年邦訳が刊行された『パレスチナの民族浄化――イスラエル建国の暴力』(原著:二〇〇六年、田浪亜央江/早尾貴紀訳、〈サピエンティア〉、法政大学出版局、二〇一七年一一月)の著者であるイラン・パペに依拠しつつ、次のように語っている。

彼〔イラン・パペ〕は、ディアスポラはイスラエルが自分たちを正当化するためにつくったイデオロギーにすぎないといいます。(…)

多くのユダヤ人は、キリストが死んだ二〇〇〇年ぐらい前に、ディアスポラなんてしていない。ずっとそこに住んでいた。少数の金持ちや特殊な人たちがローマなどに移った。それは今のお金持ちがニューヨークに行くとかそういうレベルの話であって、すべてのユダヤ人がヨーロッパに行ってひどい目に遭ったとかそういう話ではない。非常に少数なんです。多くのユダヤ人はただとどまり続けた。それで普通に農民をやっていて、一つの村がユダヤ人だけとかアラブ人だけとか、キリスト教徒だけというところはひとつもなかった。皆一緒に仲良くやっていたと。(…)

(…)普通にユダヤ人はキリスト教になったりもしたし、イスラム教になったりもしたし、それからアラブ人がユダヤ教になったりもしたし、そういうふうにしてずっと中東はできてきた。オットマン〔オスマン〕帝国のときには税金を同じにした。だからオットマンのときにはユダヤ人迫害がほとんどない。(…)

(…)ところが現在のシオニストはこういうことをまったく無視して「ここには誰も住んでいなかった。文化がなかった」として、西洋のユダヤ人だけがユダヤ人だと見なしてきた。要するに、すべてのユダヤ人が西洋に行って、スペインからオランダに行ったり、ひどい目に遭って帰ってくるんだという話にしていますが、それはフィクションです。ユダヤ人はここで普通に生活していて、イスラム教やキリスト教になったり、結婚したり、混ぜこぜになったり、そういう感じで平和にやっていた。そのことをまったく無視している。政治シオニズムというのは結局、一九世紀の民族主義の一つにすぎないのです。ギリシアで民族運動があった。セルビアでもあった。そのため反ユダヤ主義が一九世紀に強くなったことは事実である。民族主義ができると、民族でないアウトサイダーは差別される。だから反ユダヤ主義はそれ以前とそれ以後で変わって、一九世紀以降に反ユダヤ主義がヨーロッパで強くなったのは事実です。しかし、最初は同化主義を信じていたヘルツルが、ドレフュス事件の後でやっぱり同化は無理だと思い、パレスチナにシオニズムの場所をつくろうと言ったけど、そんなに簡単なことじゃなかった。最初はパレスチナではなく、ウガンダに建国の予定だった。ブラジルやアルゼンチンも候補になった。ヘルツル自体は最初はニーチェ主義者で、超人哲学です。だから西洋よりも西洋的な町をつくろうとした。
（ロジャー・パルバース／四方田犬彦『こんにちは、ユダヤ人です』、河出ブックス、二〇一四年一〇月、一一一―一一三頁）

四方田犬彦が指摘しているように、「ディアスポラ」というのは、主としてヘルツルがその一員であるアシュケナジーム系ユダヤ教徒にのみあてはまる悲劇性を帯びた歴史観であって、一五世紀末にスペインから追放されたセファルディーム系の大多数、およびのちにミズラヒーム系と呼ばれるようになるユダヤ教徒、要するに、オスマン帝国領内で生活してきたユダヤ教徒、その多くがアラビア語の母語話者である東洋系のユダヤ教徒には無縁であったのだ。オスマン帝国は、イスラーム教徒と同じ「啓典の民」であるユダヤ教徒とキリスト教徒を大切に扱い、多少の差別はあったにしても、ユダヤ教徒がキリスト教＝ヨーロッパ諸国におけるように迫害を受けることはなかったからだ。彼らのなかにも、多少は起源の土地から離去して、別の土地で生活を送っている者がいただろうが、「ディアスポラ（離散）」という言葉が連想させるような悲惨な境遇に置かれていたわけではなかったのである。

したがって、わたしたちが「ユダヤ人国家」の彼方へと跳躍するにあたって、シオニストたちと神話的歴史観を共有している「ディアスポラ主義者」たちと手を携えるわけにもゆかないのである。

わたしたちは、単一の起源をもつ「ユダヤ民族」が悲劇的なディアスポラの運命を生きた末に、現在のように世界のさまざまな国や地域に定住するに到ったというシオニズムとディアスポラ主義とがともに前提としている歴史観の神話性、イデオロギー性を徹底的に懐疑することから始めなければならないのだ。世界の多様な国々や地域に暮らしているのはユダヤ教徒だけではない。キリスト教徒たちも、あるいはムスリムたちも、世界のさまざまな国々や地域に暮らしているという、当たり前のリアリティこそを再発見すべきなのである。

それでも、「ディアスポラ」という用語・概念を棄てたくないというのならば、それは、わたしたちもふくめて、世界史上のありとあらゆる民族が生きてきた実にありふれた運命であって、「ユダヤ人」にのみ固有の悲劇的宿命などではないことを知るべきである。起源の土地にとどまり続けている民族が、果たして一つでも存在するだろうか。すべての民族は多かれ少なかれ移動し続け、離散し続けてきたのであり、その多くが現地の民族に同化し、ごく一部だけが独自のアイデンティティを保持し続けたのではないだろうか。「ユダヤ人」の運命が悲劇的だというのならば、パレスチナ人はもちろんのこと、ギリシャ人も、アルメニア人も、モンゴル人も、トルコ人も、アラブ人も、アイルランド人も、中国人も、朝鮮人も、ロマ（いわゆるジプシー）も、そして日本人も（一方で、古代におけるユーラシア大陸の諸民族の日本列島への流入、他方で、近現代の日本から中南米、北米への移住、いわゆる中国残留孤児など）、その他多くの諸民族も、悲劇的な——いや、悲喜劇的なディアスポラの運命を生きてきたことに変わりはないのである。

あとがき　立原正秋、あるいは〈混血〉というフィギュールをめぐって

前々著『ポストナショナリズムの精神』（現代書館、二〇〇〇年三月）から前著『言語の復権のために——ソシュール、イェルムスレウ、ザメンホフ』（論創社、二〇二〇年二月）を上梓するまでには、二〇年もの歳月を要した。それに対して、前著から本著『国家と実存——「ユダヤ人国家」の彼方へ』を上梓するまでには、二年で十分だった。ぼくは、遅ればせながら、六〇歳という年齢を過ぎてから身体の磨耗に反比例するかのように、精神の内では勢いがついてきたように感じている。

本書は、ぼくの著書の系列としては、前著ではなく前々著、すなわち『ポストナショナリズムの精神』に接続するものである。「はじめに」でも強調したように、本書の目的は、前著のように言語学や記号論の探究ではなく、全篇を通じて〈アイデンティティの問い〉を追究することにあるからだ。また、題材としては、タイトルや収録した論考からも明らかなように、政治や社会に開かれていることが特徴をなしている。それに対して、歴史や宗教にぼくの視野が拓けてきたのは、本書で

初めて見られる新しい変化だろう。いずれにせよ、〈国家〉も〈実存〉も、本書では一貫して〈アイデンティティの問い〉という光源から照らし出されているのである。

前著『言語の復権のために』をまとめていたときには、編集を担当した志賀信夫さんからも、また自分自身でも進んで、ぼくは「言語学者」というコスチュームを身にまとった。しかしながら、その「言語学者」がいささか身体にきついコスチュームであったことは、いまとなっては認めざるをえない。そこで、本書の執筆にあたっては、思い切って「言語学者」というきつい衣裳を脱ぎ棄てた――。

――つもりであった。また、「Ⅱ　国家と実存」に収めた「〈表現〉への航行――ぼくはどうして『ポストナショナリズムの精神』を書いたのか」では、「言語学との訣別」の表明までしている。にもかかわらず、本書に収めた論考の大多数のなかで、ぼくが執拗なほど〈言語〉に拘泥していることは否定できない。ただし、本書でぼくがこだわっている〈言語〉とは、ランガージュ（le langage）でもなければ、ラ・ラング（la langue）でもなく、レ・ラング（les langues）にほかならない。つまり、ぼくがここでこだわっているのは、諸言語という意味での〈言語〉であり、トルコ語、ヘブライ語、アラビア語といった具体的な個別言語たちなのだ。

いずれにしても、確かなことは、たとえ言語学から離れることはあっても、ぼくが〈言語〉に対する関心を失なってしまうことは今後もなさそうだ、ということである。

ぼくが、〈アイデンティティの問い〉というモチーフとの関連で、生命が尽きる前に取り組んでみたいと考えているのは、立原正秋(一九二六(大正一五)年―一九八〇(昭和五五)年)という文学者のことである。立原正秋は、川端康成や小林秀雄の影響を受け、数多くの小説作品のなかで日本の中世の美を描き上げた、日本の作家である。

だが、実は、立原正秋は、日本植民地支配下の朝鮮に生まれ、九歳のときに日本本土に移住してきた在日朝鮮人であった。生まれたときの名前は、金胤奎(キム・ユンギュ)。一九四〇年、創氏改名により「金井正秋」になる。その後、一九四七年、日本人女性と結婚して日本に帰化し、「米本正秋」という朝鮮系日本人になる。そして、五四歳という早すぎる死のわずか二か月前、「立原正秋」というペンネームを本名にすることが正式に許可されたのだった。

生前の立原は、自筆年譜に《父母ともに日韓混血》と記していた。それによって、立原正秋の少なからぬ作品に日朝の混血児が登場することが了解されていた。たとえば、初期の代表作「剣ヶ崎」(一九六五年四月)では、《戦前日本国家による植民地支配、戦後の南北分断と朝鮮戦争という歴史的事実を背景に、日本人と朝鮮人との「混血」であることとの宿命を描いたこの作品は、発表当時、作者が自らの出自の秘密を作中人物に仮託して告白したものと受けとめられた。実際、作者は混血ゆえにより強く「日本の美」に惹かれていくのだと語っていた》(栗坪良樹編『現代文学鑑賞事典』、東京堂出版、二〇〇二年三月、二三一頁)。

しかし、立原の没後、彼の友人で作家の高井有一が立原正秋の評伝を書くために韓国に渡って調査したところ、立原の両親はともに朝鮮人であることが判明したのだ。

だとすれば、立原は自身の出自を粉飾していたということなのだろうか。ぼくは、そうは思わない。彼の文学世界のなかでは、〈混血〉というフィギュール（形象）こそが文学的に意味のあるものだったのだ。平たくいえば、立原にとって、〈混血〉であることは、ファクトではないかもしれないが、文学的には真実だったのである。

考えてみれば、立原正秋ほど日朝のはざまに生きた作家はいなかった。彼は、朝鮮に生まれながら、他のどんな日本人よりも日本の伝統文化、とくに中世の文化に造詣が深く、日本の伝統美を数多くの作品に描き上げた。立原の立場に立ってみよう。「わたしは、日本人だ」と言えば、日本人たちからは「おまえは、朝鮮人だ」と押し返される。それでは、「わたしは、朝鮮人だ」と言えば、（韓国人をふくむ）朝鮮人たちからは、「おまえは、日本人だ」と突き返される。立原正秋は、日本人でもなければ朝鮮人でもない、イソップ童話のコウモリのような存在――動物でもなければ、鳥でもない存在――に貶められ続けてきたのではあるまいか。要するに、立原は、〈～でも～でもない〉という宙吊りの存在様式を生きることを強いられてきたのである。言いかえれば、彼は、存在証明（アイデンティティ）の法廷に立たされ続けてきたということなのである。

このような彼の存在様式、すなわちアイデンティティを文学的に形象化するとすれば、日朝の〈混血〉とするほかなかったのではないか。立原正秋の登場人物たちは、立原の文学世界のなかで、〈混血〉というフィギュール以外ではありえなかったのだ。そして、立原正秋の生と文学が不可分である以上、彼は、フィクションの外部の自分自身についても、他の誰とも交換のできない〈個〉の〈実存〉の次元において、〈混血〉だと公言するほかはなかったのである。

このような主旨で、ぼくは、健康と生命が許すかぎり、生きているあいだに『〈混血〉というフィギュール——立原正秋の文学』(仮)という長篇評論を書いておきたい、と強く望んでいるのである。ただし、その準備作業は、本書の刊行以後のことになる。

本書が形をなすにあたって、貴重な固有名詞たちの助力が必要不可欠だった。

本が、とりわけ本書のような「硬い本」が売れない時代は、すなわち、本を、とくに「硬い本」を出すのが非常に困難な時代にもなっている。そんな時代のなかで難渋し、立ち尽くしていたぼくを救ってくれたのは、彩流社の河野和憲社長だった。ぼくは、もう二〇数年前から彩流社の書籍を愛読してきた。河野社長は、このような内容と構成の書籍を出版することをただちに快諾され、編集も担当してくださり、スピーディな刊行に導いてくださった。深謝したい。

前著『言語の復権のために』の企画・編集を担当してくれた旧友、志賀信夫さん(フリー編集者、批評家)は、本書の主要部分をなす「「ユダヤ人国家」の彼方へ——ユダヤ人／ユダヤ教徒をめぐる言語論的考察」をぼくが書くきっかけを作ってくれた。前著の書評を書いてくれた盟友、福嶋聡さん(ジュンク堂書店難波店店長、書評家)は、本書の出版をめぐって強力な後押しを惜しまなかった。二人の友には、心から感謝の気持ちを表わしたい。

本書の次に待ち受けている仕事は、言語と身体のはざまにある〈声〉という現象の解明に挑んだハンガリー出身の国際的言語学者、イヴァン・フォナギーの『生きた声——精神音声学の試み』の翻訳である。言語学というきついコスチュームを脱ぎ棄てようともがいているぼくを、再び言語学のほうへと引き戻した悪人——であり、理解者である——は、ひつじ書房の松本功社長である。ぼくと同様に〈声〉という現象に強い関心を寄せている松本社長のおかげで、ぼくは、三〇年余り前から翻訳したいと思っていた大著の翻訳に取り組むことになったのだった。

癌で闘病中の母、立川雅代は、本書の出版に向けて立ちはだかる障壁を取り除いてくれた。その母の面倒をきめ細かく見てくれているのは、妹の安士直子にほかならない。最後に、ぼくが細々とではあれ探究と執筆を続け、さまざまな雑事に煩わされることなく本書に集中できたのは、妻、立川朋子の物心両面にわたる献身に全面的に負っている。三人には、イタリア語でGrazie mille!（一〇〇〇回分のありがとう!）という言葉を贈りたい。

二〇二一（令和三）年一二月一六日　彩の国〈熊谷〉にて

立川健二

初出一覧

Ⅰ　ポストナショナリズムの精神史

「〈思想〉とは何か」　月刊『言語』、第二八巻第五号、大修館書店、一九九九年五月
「〈精神史〉とは何か」　月刊『言語』、第二八巻第一一号、大修館書店、一九九九年一一月
「イエス、ポストナショナリズムの原点として」　月刊『言語』、第二九巻第五号、大修館書店、二〇〇〇年五月
「見果てぬ〈共同性〉への夢――あるいは異和感の由来」　月刊『言語』、第二九巻第一一号、大修館書店、二〇〇〇年一一月
「ハイブリッドの精神――土着／外来の対立を超えて」　『新曜社総合図書目録30周年特別号』、特集――境界・越境、二〇〇〇年四月

Ⅱ　国家と実存

「方法としてのトルコ――あるいは《日本近代の逆説》をめぐって」　『発言者』、通巻第七九号、西部邁事務所編集、秀明出版会、二〇〇〇年一一月
「ファシスト国家の起源――あるいは見果てぬ《共同性》への夢」　『発言者』、通巻第八二号、西部邁事務所編集、秀明出版会、二〇〇一年二月
「〈アジア〉から〈東洋〉への転換――あるいは人種概念としての「アジア人」」　『発言者』、通巻第八三号、西部邁事務所編集、秀明出版会、二〇〇一年三月
「実存的個人主義――〈個人主義〉と〈私人主義〉の根本的差異について」　『発言者』、通巻第八四号、西部邁事務所編集、秀明出版会、二〇〇一年四月
「〈表現〉への航行――ぼくはどうして『ポストナショナリズムの精神』を書いたのか（1）」　『発言者』、通巻第八五号、西部邁事務所編集、秀明出版会、二〇〇一年五月
「〈表現〉への航行――ぼくはどうして『ポストナショナリズムの精神』を書いたのか（2）」　『発言者』、掲載拒否
「〈表現〉への航行――ぼくはどうして『ポストナショナリズムの精神』を書いたのか（3）」　未発表
「〈表現〉への航行――ぼくはどうして『ポストナショナリズムの精神』を書いたのか（4）」　未発表

Ⅲ　民族、言語、宗教、国家

「「ユダヤ人国家」の彼方へ——ユダヤ人／ユダヤ教徒をめぐる言語論的考察」　書き下ろし

や行

ら行

わ行

ま行

た行

な行

は行

さ行

人名索引

あ行

か行

【著者】
立川健二
…たつかわ・けんじ…
1958(昭和33)年、埼玉県浦和市(現、さいたま市)生まれ。1982年、東京外国語大学フランス語学科卒業。1989年、東京大学大学院人文科学研究科(仏語仏文学専攻)博士課程中退。その間、サンケイスカラシップ奨学生としてパリ第Ⅲ新ソルボンヌ大学(近代文学専攻)学士課程に、フランス政府給費留学生としてパリ第Ⅹナンテール大学大学院(言語科学専攻)博士課程に留学。大阪市立大学文学部助手、東北学院大学教養学部助教授、文教大学国際学部教授を経て、2000年から在野の探究者。1990-97年、現代言語論研究会代表。言語思想史、言語学、記号論専攻。著書に、『《力》の思想家ソシュール』(水声社)、『現代言語論――ソシュール　フロイト　ウィトゲンシュタイン』(共著、新曜社)、『誘惑論』(同)、『愛の言語学』(夏目書房)、『ポストナショナリズムの精神』(現代書館)、『言語の復権のために――ソシュール、イェルムスレウ、ザメンホフ』(論創社)など。訳書に、ショシャナ・フェルマン『語る身体のスキャンダル』(勁草書房)、フランソワーズ・ガデ『ソシュール言語学入門』(新曜社)など。Email address: ktatsukawa@ymobile.ne.jp

国家(こっか)と実存(じつぞん)　「ユダヤ人国家」の彼方へ
二〇二二年一月三十一日　初版第一刷

著者――立川健二
発行者――河野和憲
発行所――株式会社 彩流社
〒101-0051
東京都千代田区神田神保町3-10大行ビル6階
電話：03-3234-5931
ファックス：03-3234-5932
E-mail：sairyusha@sairyusha.co.jp

印刷――明和印刷(株)
製本――(株)村上製本所
装丁――宗利淳一

ISBN978-4-7791-2797-7 C0095
http://www.sairyusha.co.jp

【彩流社の海外文学】

中央駅

キム・ヘジン 著
生田美保 訳

路上生活者となった若い男と病気持ちの女……ホームレスがたむろする中央駅を舞台に、二人の運命は交錯する。『娘について』（亜紀書房）を著したキム・ヘジンによる、どん底に堕とされた男女の哀切な愛を描き出す長編小説。

（四六判並製・税込一六五〇円）

わたしは潘金蓮じゃない

劉震雲 著
水野衛子 訳

独りっ子政策の行き詰まりや、保身に走る役人たちの滑稽さなど、現代中国の抱える問題点をユーモラスに描く、劉震雲の傑作長編小説、ついに翻訳なる！

（四六判並製・税込一六五〇円）

【彩流社の海外文学】

鼻持ちならぬバシントン

サキ 著
花輪涼子 訳

サキによる長篇小説！　シニカルでブラックユーモアに溢れた世界観が特徴の短篇作品の巧手サキ。二十世紀初頭のロンドン、豪奢な社交界を舞台に、独特の筆致で描き出される親子の不器用な愛と絆。

（四六判上製・税込二四二〇円）

不安の書【増補版】

フェルナンド・ペソア 著
高橋都彦 訳

ポルトガルの詩人、ペソア最大の傑作『不安の書』の完訳。長年にわたり構想を練り、書きためた多くの断章的なテクストからなる魂の書。旧版の新思索社版より断章六篇、巻末に「断章集」を増補し、装いも新たに、待望の復刊！

（四六判上製・税込五七二〇円）

【彩流社の海外文学】

魔宴

モーリス・サックス 著
大野露井 訳

瀟洒と放蕩の間隙に産み落とされた、ある作家の自省的伝記小説、本邦初訳！　ジャン・コクトー、アンドレ・ジッドを始め、数多の著名人と深い関係を持ったサックス。二十世紀初頭のフランスの芸術家達が生き生きと描かれる。

（四六判上製・税込三九六〇円）

蛇座

ジャン・ジオノ 著
山本省 訳

ジオノ最大の関心事であった、羊と羊飼いを扱う『蛇座 Le serpent d'étoiles』、そして彼が生まれ育った町について愛着をこめて書いた『高原の町マノスク Manosque-des-Plateaux』を収める。

（四六判並製・税込三三〇〇円）